Mely Kiyak

Frausein

Carl Hanser Verlag

7. Auflage 2021

ISBN 978-3-446-26746-6

Umschlag: Peter-Andreas Hassiepen, München
Satz im Verlag, Maja Steudel
Druck und Bindung: Friedrich Pustet, Regensburg
Printed in Germany

MIX
Papier aus verantwortungsvollen Quellen
FSC® C014889

Frausein

Eines Morgens wachte ich auf und sah die Welt verschwinden. Wie immer nach dem ersten Vogelzwitschern lag ich mit einem Kaffee und einem Buch im Bett. Ich las über Freiheit und Verzicht. Und während ich das tat, verließen mich meine Augen. Es dauerte bis zum späten Nachmittag – ich schaute der Welt beim Wenigerwerden regelrecht zu –, bis aus meinem Augenlicht allmählich Augendämmerung wurde. Und dann Dunkelheit.

Als sie mich abholen, sitze ich auf meinem Sessel. In den Stunden zuvor hatte ich geduscht und mich vorbereitet. Ich wollte sofort gefunden werden. Die Tür zur Wohnung hatte ich deshalb schon geöffnet. Davor eine Tasche gepackt, mich gekämmt. Und davor, bevor ich mich anzog, es versucht. Dieses Mal sollte es nicht nur Mutprobe sein, denn es war mir unangenehm und immer auch etwas peinlich. Sondern Abschied von mir selbst.

Ich wollte mich angucken.

Mit kaputter Sicht schaute ich auf den nackten Körper. Es galt, das nackte Ich auszuhalten. Obwohl ich fast nichts mehr sah, schämte ich mich. Scham vor dem Anblick der Brüste. Dem Dreieck zwischen den Beinen. Dieser gewaltigen Blöße mit all ihren Rundungen und Abstufungen. Oder dem, von dem ich vermutete, wo und was es war. Obwohl die, die im Spiegelbild gerade zerfloss, im Prinzip jedermann hätte sein können, hielt ich den Anblick nicht aus.

Der letzte Blick auf die im Augennebel verschwindende Frau blieb in jeder Hinsicht unvollständig.

Gegen Mittag begriff ich, dass das, was mit dem einen Auge passierte, auch im anderen Auge geschah. Ich ahnte, dass mir nicht mehr viel Zeit blieb. Trotzdem wartete ich einige Stunden ab und rief erst dann um Hilfe. Weil man die ganze Zeit auch immer denkt: Das bilde ich mir bestimmt nur ein. Sicher kommt gleich das ganze Bild wieder. Von dem, was mir gerade passierte, hatte ich nie zuvor gehört. Ich misstraute meinen Empfindungen.

Um mir helfen zu lassen, benötigte ich mehrere Anläufe. Die Tasten des Telefons musste ich erfühlen. Anschließend setzte ich mich und hörte nur noch. Als es geschah, wohnte ich am Meer. Draußen schrien die Möwen im Meereswind. Drinnen verlor ich mein Augenlicht. In der einen Hand hielt ich meinen Ausweis und die Chipkarte meiner Krankenversicherung. Mit der anderen Hand umfasste ich die Sessellehne.

Ich wurde aufs Festland gebracht.

In der Notaufnahme hatte ich Schwierigkeiten, die Liege und das Gefühl meines Körpers darauf zu koordinieren. Man fühlt und fühlt doch nicht.

Ich wusste, ich muss mich retten. Ich sprach zu mir selbst. An diesen Worten hielt ich mich in den kommenden Stunden, Monaten und Jahren fest:

Ich akzeptiere alles. *Ich akzeptiere alles.*

—

Ich bin eine Frau. Ich bin es gerne. Da ist kein Hadern. Kein Bedauern. Kein Mangel. Aber auch kein Überfluss. Davon möchte ich erzählen.

Ich beginne dafür an irgendeiner Stelle. Denn es gibt keine Anfänge. Es gibt nur den Blick zurück.

—

Meine Mutter putzte im Amtsgericht. Gegen 18 Uhr lief sie die paar Meter von unserer Wohnung in das schöne Gebäude hinüber und fing an zu fegen und zu wischen. Manchmal nahm sie mich mit. Die Zelle für die Untersuchungshaft öffnete sie mit einem sehr alten Schlüssel aus Eisen. Ein großer Schlüssel, wie man ihn aus tschechischen Märchenverfilmungen kennt. Ganz unwirklich und schwer. Tagsüber waren die Inhaftierten für ihre Verhandlungen aus der Justizvollzugsanstalt in die Zelle gebracht worden, wo sie bis zu ihrer Anhörung im Gerichtssaal zu warten hatten. Abends, wenn meine Mutter kam, war die Zelle längst wieder leer.

Der Amtsrichter mochte meine Mutter. Wenn er Überstunden machte und sie ein paar Minuten früher losging, trafen sie aufeinander. Gelegentlich half ich beim Putzen und sah ihn auch. Ein freundlicher, gut angezogener alter Herr, mit Weste und Taschenuhr. Er stand kurz vor der Pensionierung. Er ließ sein mit viel Butter und Teewurst bestrichenes Frühstücksbrötchen in seinem Büro liegen. Seine Frau bereitete es ihm zu, wickelte es in Alufolie und gab es ihm mit. Jahrelang tat er ihr gegenüber so, als hätte er es gegessen. Tatsächlich ließ er es im Schrank. »Für Ihre Kinder«, sagte er zu meiner Mutter und zeigte ihr das Versteck. Sie nahm das Brötchen mit nach Hause, wo sie uns Kinder zwang, es zu essen. Die Wurstbrötchen waren eine Herausforderung. Zu Hause teilten wir es in mehrere Stücke und verhandelten untereinander, wer wie viel davon zu bewältigen hatte.

Aus Respekt vor der Großzügigkeit und Güte des Amtsrichters sei das zu tun, sagte meine Mutter. Es sei unüblich, dass eine Autorität wie er sich für Leute wie uns interessiere. Wir waren zwar arm. Aber wir hatten genug zu essen. Diesen Widerspruch galt es mit runterzuschlucken. Sobald wir das Opfer für den niedersächsischen Amtsrichter gebracht hatten, bekamen wir unser eigentliches Abendessen.

Ich habe kein Gefühl dafür, inwieweit das eine lohnenswerte Erfahrung war. Es war eine Übung in Demut, so viel ist klar. Keine große Sache. Der Hintergrund war stets derselbe: Das Gegenüber durfte auf keinen Fall sein Gesicht verlieren. Nicht wegen etwas derart Lächerlichem wie einem Brötchen. Die Erinnerung soll nicht dafür herhalten, über Abhängigkeiten, Hierarchien, den Blick des Anderen, Klassenunterschiede und so weiter zu referieren. Unterordnung bis hin zur Unterwerfung waren Stufen einer üblichen Erziehung. Ich mag darin auch im Nachhinein keinen Skandal erkennen. Es gibt ein anderes Detail, das mich interessiert. Nämlich, dass eine Frau – die Mutter – darauf verzichtet, ein Bild über sich, ihre Familie und die Verhältnisse geradezurücken.

Sie blieb in den Augen des Amtsrichters lieber bedürftig, als sein schräges Bild über unsere Armut zu korrigieren. Vielleicht glaubte sie, dass er sie nur als arme *und* hungrige Frau mögen würde.

So wurde ich darauf konditioniert, mich zu fügen. Mit diesen Übungen. Schweigen, nicht protestieren. Keinen Ärger machen. Jede Interpretation und Deutung über uns unkommentiert zur Kenntnis nehmen. Aufessen. Der Umwelt nicht durch Befindlichkeiten, sondern durch Leistungen auffallen. Eine Weile klappte das ganz gut.

Erst spät fing ich an, mich aufzulehnen. Wie kann man das Auflehnen beschreiben? Es war etwas Physisches. Mehr tierlich als menschlich. Ich spannte meine Oberschenkel und Waden an, ging auf die Zehenspitzen, kniff Stirn und Augen zusammen und schrie los. Mein Auflehnen war ein mühsamer, kraftvoller Akt. *Wenn dich jemand gegen deinen Willen mitnehmen will, dann schrei laut Nein! und lauf, so schnell du kannst.* So lautete der Ratschlag, den ich früh bekam, um mich vor Verbrechen zu schützen. Das war natürlich zum Selbstschutz gemeint, vor Räubern und Mördern, vor Fremden. Ich aber wendete das in meinem Umfeld an. In der Flucht und im Schreien machte ich mich für die Dauer einiger Sekunden als Person kenntlich. Danach fiel ich stumm in mich zusammen. Und bereute. Und war geknickt. Und unfähig, dem etwas hinzuzufügen.

Der Handlungsspielraum vor der Eskalation war mir nicht geläufig. Ich hatte keine andere Idee von Widerstand. Wenn ich etwas nicht wollte, hielt ich es aus, bis es nicht mehr ging.

Dann auflehnen, schreien und weglaufen, statt mich zu erklären. In mir war wilde Verzweiflung. Es war ein reagierender, kein sprechender Körper.

Von außen wirkte mein mit ganzer Kraft herausgeschrienes Nein wie ein impulsiver Akt. In meinem Inneren aber hatte jedes Nein einen langen Weg hinter sich. Keines meiner Neins brachte Erfolg oder Erleichterung. Jedes Nein verursachte Verstörung bei dem, den es betraf. Nach dem Nein kam schließlich nichts mehr. Ich verließ das Terrain und ging weiter. Ich war unfähig, mich auf eine gesunde, erwachsene, vernünftige Art zu wehren. Mit jedem Protest verausgabte ich mich bis zum Äußersten.

Dann – endlich – nach Jahrzehnten, die Unruhezeiten lagen längst hinter mir, gerate ich aus dem Gleichgewicht. Ich hatte meine Augen ohnehin im Verdacht, eines Tages echten Ärger zu machen. Und genauso ist es gekommen. Mitten in meinem Frieden.

Eines Morgens löst sich das Bild auf. Die Welt verlässt mich. Ich werde zum Nichts und schwebe im Nirgendwo.

In den Jahren meiner Genesung begreife ich, dass alles, womit man es zu tun hat, Bilder sind. Auch die Erfahrungen. Was ich sehe, was ich erlebe, woran ich denke, woran ich mich erinnere, das alles ist nicht *das* Bild. Sondern die Folge davon, dass ich mir *ein* Bild mache. Ein Bild über mich, ein Bild über die Dinge. Selbst das Bild, das ich zu sehen meine, vom Tisch, vom Stuhl, beruht auf dem Bild, das ich mir von Tisch und Stuhl mache. Diese Erkenntnis gibt mir eine Ahnung davon, warum es Sehenden, die zu Blinden werden, überhaupt möglich ist, weiterzuleben. Sie haben weiterhin ein Bild von etwas. Vorstellungen werden zu Realitäten gemacht. Und umgekehrt. Sogar das eigene Spiegelbild wird durch ein eigenes Bild überlagert. Man schaut sich an und legt eine Vorstellung von sich auf das Gesehene. So ungefähr funktioniert das Sehen, wird mir immer und immer wieder erklärt. Das Gehirn, die Phantasie, die Vorstellungsgabe wissen, was sie zu sehen haben, und also sieht das Auge es auch.

—

Ich sitze auf dem Boden.

Ich bin ein kleines Mädchen. Mein Vater kommt von seiner Arbeitsschicht aus der Fabrik nach Hause. Er setzt sich zu mir.

Ich frage ihn: Wer bin ich?

Er fragt zurück: Wer bist du?

Ich frage mit Nachdruck: Wer bin ich?

Er: Wer bist du?

Papa, frage ich, weißt du es nicht?

Er antwortet: Weißt du es?

Ich sage: Ich weiß es nicht.

Er sagt: Ich weiß es auch nicht.

Zwei Sufis sitzen auf dem Boden und unterhalten sich. Der große Sufi macht sich wahrscheinlich über den kleinen Sufi etwas lustig. Der kleine Sufi ist sich sicher, dass der große Sufi nicht der hellste ist.

—

Ich schreibe. Das ist alles, was ich tue.

Ich wollte keine Frau sein, die Kinder hat *und* schreibt. Keine, die eine Ehe führt *und* schreibt. Keine, die eine andere Tätigkeit ausübt und *auch* schreibt. Ich wollte nicht von allem etwas, sondern von dieser einen Sache alles. Wenn mich jemand fragt, was machst du, wollte ich antworten: Ich schreibe.

Es war keine bewusste Entscheidung. Es ergab sich. Als mir bewusst war, dass es darauf hinauslief, entschied ich, entweder mache ich nur das, oder ich mache es gar nicht.

Ich bin allein. Hier ist nichts als Stille. Wochenlang. Monatelang. Das Ziel ist höchste innere Anwesenheit durch äußere Abwesenheit. Das Telefon ist abgeschaltet. Zu Hochzeiten und Geburtstagen schicke ich Grüße. Vor die Wahl gestellt, jemanden zu treffen oder allein zu sein, entscheide ich mich für mich. Ich kann mich von meinem Schreiben, Lesen und Spazierengehen nicht trennen. Nehme ich eine Einladung zu einer Verabredung an, bekomme ich Lampenfieber. Nach dem Aufwachen werde ich bereits nervös.

Das hermetische Abriegeln ist keine Pause vom Alltag sondern der Alltag selbst. Mein Gott, du lebst ja wie im Paradies! Das höre ich manchmal. Weltabgewandtheit als Voraussetzung, um sich der Welt zuzuwenden, ist aber kein Paradies. Sie erfordert Durchhaltevermögen. Es ist, als ob ich auf einem Hauch balanciere und zu fallen drohe.

Das Alleinsein konfrontiert mich mit mir selbst. Oft habe ich mich unbekümmerter in Erinnerung, als ich bin. An guten Tagen bin ich mir sympathisch und angenehm. An schlechten Tagen bin ich mir selbst ein tiefer, dunkler Abgrund. In der Klausur entstehen seltsame Eindrücke. Jedes Geräusch bekommt Bedeutung. An manchen Tagen raschelt sogar das Papier zu laut und seltsame Stimmung liegt über allem.

Trotzdem, es ist alles selbst gewählt. Ich kann nur so.

Mein Schreiben begann autonom, ohne äußere Einflüsse. Nicht in der Bibliothek der Eltern, nicht als Wunsch, eines Tages im elterlichen Bücherregal zwischen zwei Buchdeckeln zu landen. Es gab gar kein Buchregal. Zwar wurde gelesen, aber die Bücher schafften es an keinen sichtbaren Ort, in kein Möbel. Sie verschwanden wieder. Vor allem waren es »verbotene« Bücher, die vom türkisch-kurdischen Bürgerkrieg berichteten. Sie handelten von der Frage, wer für die politische Misere Verantwortung trug. Es gab in meiner Familie auch keine Konzertbesuche, ausgenommen die Solidaritätskonzerte für die politischen Gefangenen. Keine Theatergänge (ausgenommen solche Theaterabende, bei denen etwa das qualvolle Sterben der Giftgasopfer in Halabdscha nachgestellt wurde. Das dargestellte Ereignis beschrieb großes Elend, die Performances aber waren es auch). Kurzum: Es existierte keine Brücke in jene Welt, in der Kultur auf wundersame Weise ritualisiert ist und um ihrer selbst willen veranstaltet wird.

Ich mochte das Fernsehtheater. Heidi Kabel spielte auf einer Hamburger Bühne, der Norddeutsche Rundfunk übertrug die Stücke oft. Willy Millowitsch tat das gleiche in Köln, gesendet vom Westdeutschen Rundfunk. Ich schaute das gerne an. Tür auf, Tür zu, Verkleidung, Verwechslung, Dialekt. Lustige, harmlose Ohnsorg-Welt. Auf der anderen Seite waren die Stimmen, die von der Bühne irgendeiner Mehrzweckhalle irgendwo in Deutschland das Kapital, die Holdings, die Waffenindustrie verdammten. Im Fernsehtheater wurde gelacht, in der Stadthalle sammelten wir Geld für die Folteropfer oder Angehörigen von »Verschwundenen«. Beklemmung im Bus zurück nach Hause. Das war die *andere* Welt, die *wirkliche* Welt, wie zu Hause behauptet wurde. Unsere Welt.

Ich wusste nicht, dass Kultur etwas ist, zu dem ich mich hinbewegen oder bei dem ich mitmachen könnte. Ich empfand keinen Konjunktiv. Kein »ich könnte im Ohnsorg-Theater landen«. Alles schien manifest und undurchlässig. Als wäre man eingemauert. Da, wo ich herkam, ging man automatisch davon aus, dass die Verheißungen des Lebens für die anderen bestimmt sind. Verzicht war der Normalzustand.

Was es über uns zu berichten gab, wurde fremderzählt. Es war nicht einer von uns, der das Leben unserer Väter beschrieb, auch keiner der Väter selbst, sondern Günter Wallraff. Als *Türke Ali* verkleidet lebte und arbeitete er zu Forschungszwecken ein stinknormales Ali-Leben in Deutschland nach. Er beschrieb die normalen Verhältnisse der Gastarbeiter. Obwohl Wallraff selbst aus kleinen Verhältnissen kam, entsetzten ihn die erlebten Erniedrigungen derart, dass er sein Buch nicht unten, halbunten oder mittelunten nannte, sondern: *Ganz unten*. Wir wurden am niedrigsten Punkt verortet. Jemand hatte sich als »wir« verkleidet, unser Leben simuliert und mitgeteilt. Von uns hatte sich offenbar niemand gefunden, der es selbst hätte mitteilen können. Oder sollen. Oder dürfen. Jahrzehnte vorher und Jahrzehnte später gab es keine andere Erzählung, die diese Perspektive ergänzte. Für die Gastarbeiter und in den Gewerkschaften war Wallraff ein Held.

Das Buch lag auf Türkisch übersetzt kostenlos zum Mitnehmen in einer Kiste unter der Stempeluhr der Fabrik meines Vaters. Es sprach zu zwei Seiten. Zu denen, die die Arbeitsbedingungen der Gastarbeiter nicht kannten. Und zu denen, von denen es handelte. Man las, staunte und hatte zu verdauen: Ich bin eine dieser Ali-Töchter. Das unbedeutende Kind unbedeutender Eltern.

Die Eltern unterstützten uns, so gut sie konnten. Vor allem der Vater. Jedem von uns Kindern sagte er: Du kannst werden, was du willst. Der Bruder interessierte sich für Musik. Wo immer er auf ein Instrument traf, nahm er es in die Hand, probierte etwas darauf herum und fing an zu spielen. Er wünschte sich ein Klavier. Ein Klavier wurde angeschafft. Der Klavierstimmer allerdings konnte nicht bezahlt werden und irgendwann auch nicht mehr die Klavierstunden, und so übte der Bruder auf einem verstimmten Klavier und gewann trotzdem alle Wettbewerbe. Die Zeitungen berichteten über ihn. Auch seine Lehrer waren von seiner Musikalität beeindruckt, und also versuchte der Vater, seinen Sohn zu überreden, Pianist zu werden. Glaube mir, Sohn, sagte unser Vater, die meisten Kinder bekommen zu hören, dass sie etwas anderes lernen sollen, mit dem sie ihre Familien versorgen können. Ich aber bitte dich, der Musik eine Chance zu geben. Der Sohn studierte – vielleicht aus Gründen der Emanzipation vom bittenden und bettelnden Vater – Jura. Unvergessen seine Begründung: Irgendwer muss mit diesem Mistleben Schluss machen. Dabei waren wir erst die zweite Generation.

Es sagt sich leicht, dass man seine Träume leben soll. Abstrakt träumt es sich aber schlecht. Das »Traut euch« des Vaters sollte eine Ermutigung sein, klang aber bedrohlich. Nach großer Anstrengung. Du kannst die Welt verändern – der Vater redete selten, das hier aber war sein absolutes Lieblingsthema. Ich werde dir nicht im Weg stehen. Er stand auf, er dozierte jetzt nicht nur, er hielt eine wichtige Rede. Hinter mir standen Hunderttausende von Ichs, die ihm zujubelten. Die anderen sind nicht besser und klüger als du, seine weiche, leise Stimme überschlug sich fast. Sie sehen aus wie du, sie reden wie du, sie sind wie du. Du lachst? Du bist ein Teil von allem. Das musst du mir glauben. Das *musst* du mir glauben. Jede Silbe wurde energisch mit dem Zeigefinger in die Sofalehne gedrückt: Du bist stark und kannst alles erreichen!

Der Vater ist lieb und rührend, sein ständiges »Du musst die Welt verändern« aber nervte. Es gab nichts Unterhaltsameres, als die Revolutionsluft aus ihm herauszulassen. Ein Spruch, eine Frage reichten meistens dafür aus. Und tatsächlich, plötzlicher Wetterumschwung. Disko? Der Vater schaut verdutzt, Disko? Vergiss das schnell. Wenn du tanzen willst, bitte deinen Bruder, Musik zu machen, und dann tanzt von mir aus. Der Vater sank in den Sessel zurück. Er war enttäuscht. Seine Rede hatte wieder kein Feuerwerk entfacht.

Geschichten ohne Ende. Allein mit der Überhöhung des Geistes und des Stiftes könnte man ganze Jahrbücher füllen.

Die Slogans gehen so: Jemand, der seinen Lebensunterhalt mit seinem Stift bestreitet, wird nicht geschubst. Wird nicht übersehen. Wird respektiert.

Der Stift! Der den Menschen in seinem Dasein krönende Stift! Im Islam hat der Allmächtige 99 Bezeichnungen. Man kann ihn nicht mit einem profanen Namen beschreiben, so groß und so prächtig ist er. In unserer Familie steht der Stift noch weit darüber, hat neunundneunzig mal neunundneunzig Namen. Zum Geburtstag überreicht mir die Mutter einen zierlichen Porzellanschwan. Der Schwan hat auf dem Rücken eine winzige Öffnung. Ich bin verwirrt. Sie strahlt: Ich solle meinen Stift in den Rücken des Schwans stellen. Ein Stifthalter! Elegant und schön soll der Stift aus dem Schwan herausragen. Sie kippt das Federmäppchen aus und probiert jeden Stift. Keiner passt, sie sind alle zu dick. In ihren Händen lagen zu selten Stifte, als dass sie im Laden auf Anhieb hätte erkennen können, dass ein normaler Stift dicker als das winzige Loch im zierlichen Schwan ist. Der Versuch, den ohnehin heiligen Stift in seiner Bedeutung weiter zu veredeln, misslang ihr. Nun sucht die Mutter wie verbissen einen passenden Stift. Dann, nach Tagen der Suche, erlöse ich sie und schraube einen Kugelschreiber auf. Die Kugelschreibermine passt. Nun sieht der Schwan aus, als hätte ich Voodoo betrieben und eine Pfeilspitze in seinen Rücken gerammt.

Auch der Vater schleppt Stifte an. Je nach Angebotslage im Aldi-Markt kommen das Kalligraphie-Set oder die Bleistiftbox mit vierundzwanzig Stiften in den Stärken H2 bis B2 zu Hause an. Was auch immer im Discounter angeboten wird und einen Abdruck auf Papier hinterlässt, wird vom Vater gekauft. Aquarellfarben, Ölfarben, Filzstifte. Einmal bringt er einen Insulin-Pen mit. Der Vater hatte das Wort *Stift* auf dem Zuckermessgerät entziffert, es gekauft und als Überraschung auf meinen Schreibtisch gelegt.

Ich sitze stundenlang an meinem Schreibtisch. Meine Mutter hat ihn mir gekauft. Er hat vier Schubladen auf der rechten Seite und ein großes Schubfach auf der linken. Gleich nach der Schule, wenn ich im Haushalt meine Aufgaben erledigt hatte, setzte ich mich an diesen Tisch. Ich saß dort manchmal fünf, sechs, sieben Stunden lang. Schaute in meine Bücher, auf einzelne Sätze, auf Wörter. Manchmal schrieb ich einen Satz ab. Oder ein Wort. Zehnmal. Fünfzigmal. Probierte es in Schreibschrift, in Druckschrift, in Versalien. Manchmal spitzte ich alle Stifte frisch an und zeichnete Linien.

Ich bekam ein weiteres Geburtstagsgeschenk. Das Mackensen-Wörterbuch. Ich las es und langweilte mich keine Sekunde. Ich merkte es nicht, die Zeit verging einfach. Ich hatte nichts zu tun. Aber es fühlte sich an wie eine Aufgabe.

Mein Vater kam ins Zimmer. Was ist, fragte ich ihn. Soll ich was machen? Nein, antwortete er, ich wollte dich nur kurz anschauen.

Auch die Mutter kam ins Zimmer. Auch sie fragte ich, soll ich aufstehen, soll ich was machen? Nein, nein, antwortete sie. Ich schaue dich bloß an. Einmal sagte sie, ich habe immer Angst, dass ich hier reinkomme und du nicht mehr lebst.

Mein Vater nahm mich zur Seite und wunderte sich, dass ich oft lange am Tisch säße. Er fragte mich, ob mir das Freude bereite. Ob mich etwas bedrücke. Ob ich überhaupt bemerkt hätte, dass er da sei. Hatte ich meistens nicht. Niemandem von uns war bewusst, wie eingeschränkt mein Sichtfeld war. Man hätte rufen müssen, um mir deutlich zu machen, dass jemand im Raum war.

Ich höre auf einem Ohr schlecht.

Man denkt, mit mir sei etwas nicht in Ordnung. Dabei sind es nur die Augen, das eine Ohr und meine Lust, alleine an einem Schreibtisch zu sein. Bin vielleicht etwas gedankenverloren und leicht eingeschränkt, aber nicht *beschränkt*.

Nach dem Zähneputzen, wenn ich ins Bett sollte, stand ich auf und setzte mich im Dunkeln wieder an den Tisch. War weder unglücklich noch glücklich. Ich saß nur.

Mein Bruder und ich schlafwandelten. Eines Tages schloss mein Bruder die Tür auf und spazierte mit seiner Schlafdecke draußen in der Stadt herum. Ein Polizist war auf Streife und erkannte ihn. Frühmorgens brachte er ihn nach Hause zurück. Meine Eltern hatten gar nicht bemerkt, dass er weg war. Für seine Schlafwandlertouren fanden sie eine einfache Lösung. Sie schlossen nachts die Tür ab und versteckten die Schlüssel an einem Ort, den nur die Eltern kannten. Mein Bruder schlafwandelte weiterhin in der Wohnung herum. Als umrunde er die Kaaba, lief er ein paar Runden um den Couchtisch im Wohnzimmer und legte sich wieder ins Bett.

Die Touren meines Bruders belustigten den Vater sehr. Mein Schlafwandelproblem hingegen beunruhigte ihn. Dabei war mein Radius deutlich kleiner als der meines Bruders. Ich stand nachts auf, rollte mich unter meinen Schreibtisch und schlief dort weiter.

Lesen, lernen, studieren, kein Problem, geht klar, wird erledigt. Aber der Rest? Schwache Frau, starke Frau – die Tochter kann mit diesen Kategorien nichts anfangen. Aufstieg hört sich nach Auswandern an, ungemütlich. Wie das, was die Eltern hinter sich haben. Als müsse man an einen Ort, an dem eine unbekannte Sprache gesprochen wird. Aber will man das? Jeder kennt solche Menschen, die angekommen an einem fremden Ort alles an sich selbst verändern. Meist gefiel einem ihre alte Fassung besser als die neuen affektierten Gesten. Da will man doch lieber bleiben, wie und wo man ist. Deshalb: keinen Aufstieg, danke. Die Ansage, du könntest es besser haben, beantwortet man sich heimlich immer mit der Gegenfrage: Wozu? Was genau würde besser dadurch? Dass einem die Eltern eigentlich die ganze Zeit zu vermitteln versuchen, dass man nicht dazu verdammt ist, Publikum zu sein, sondern Macherin sein darf, Werktätige in Sachen Lebensgestaltung, das checkt man natürlich erst, wenn alle Kämpfe ausgefochten sind.

Das Schreiben von *unten* her ist kein sozioökonomischer Zustand, der anhand von Kontoständen und Grundstücksbesitz zu vermessen ist, sondern ein immaterieller Ort. Ein Neuanfang und nicht die Fortführung von etwas. Schreiben aus dieser Perspektive ist eher mit Aufbauarbeit zu vergleichen. Mehr Trümmerliteratur als große Kunst. Man öffnet die Welt und lässt eine Leserschaft reinblicken, die glaubt, alles zu wissen und es hundertmal besser und verständlicher im Politikteil der Zeitung gelesen zu haben. Man soll immerzu erklären. Man will aber lieber erzählen.

Es ist ein Weg, vergleichbar mit einem Zimmer in den Alpen. Man schaut aus dem Fenster und sieht vor sich ein Bergpanorama, überwältigend schön. Man müsste nur den Arm ausstrecken, und die Fingerspitzen berührten den Berg, so zum Greifen nah scheint er zu sein. Man zieht sich schnell etwas über und läuft los. Man läuft und läuft. Und während man läuft, bemerkt man die wahre Distanz zwischen sich und dem Ziel. Das Wetter schlägt um, man hat nicht die richtige Kleidung dabei. An diesem Tag, so viel ist klar, wird man es nicht schaffen. Entmutigt macht man sich auf den Rückweg. An den kommenden Tagen erlebt man das gleiche. Immer wieder aufs Neue fällt man auf die Aussicht rein. Wie kann etwas, das so nah aussieht, in Wirklichkeit so weit weg sein?

—

Ich kannte keine Kinder ohne arbeitende Mütter. Mütter mit bis zu vier Kindern gingen in Vollzeit und im Schichtsystem in der Fabrik arbeiten. Die ältesten Schulkinder kümmern sich um die jüngsten. Mit diesen ältesten Kindern sind Neunjährige gemeint, die morgens die Geschwister in den Kindergarten brachten und später wieder abholten. Das waren die Zuhause, wie ich sie mitbekam. Lebenslust, Aufbruchsstimmung, Mühsal. Ablesbar an den jungen, aber müden Gesichtern, den geschwollenen Beinen, dem tiefen Schlaf, der gereizten Stimmung. Zähe Männer, zähe Frauen. Dann kamen die Feiertage, es wurden die Tische gedeckt, gesungen, wahnsinnig lustig erzählt, ausgelassen gelacht, manchmal geweint. Das Leben wurde gelebt, so gut und viel es möglich war. Beides war gleichwertig vorhanden, das Schöne und das Schwere.

Immer arbeiten. Es lässt sich kaum in Worte fassen, welche Bedeutung das Arbeiten hatte. Das Arbeiten war die Daseinsberechtigung für den Deutschlandaufenthalt. Ständige Weggabelung mit diesen beiden Möglichkeiten: Arbeiten und bleiben. Oder zurückgehen. Ich habe es noch im Ohr: Wir bleiben. Für die Mädchen. So wurde es verkündet. Die Jungs sind egal, die kommen immer und überall durch. Alles für die Mädchen. Damit sie es einmal besser haben. So trug man die Bürde, eine andere Frau zu werden. Eine sagenhafte Frau. Eine stolze Frau. Eine erfolgreiche Frau.

Wenn eine Mutter zu ihrer Tochter sagte: »Studiere!«, dann bedurfte das keiner weiteren Erläuterung. In diesem »Studiere!« steckte kein »Verwirkliche dich selbst«, sondern ein »Sieh zu, dass du dem hier entkommst«. Man begriff die Chance, die in dieser Aufforderung steckte. Wenn man sie bekam, ergriff man sie. Die Chance zog wie eine leise Brise vorbei. Zugreifen.

Es spielte keine Rolle, was für einen Beruf man anstrebte, ob Kosmetikerin, Ärztin, Bundeskanzlerin oder Betreiberin eines Solariums, das familiäre Wertesystem befand: Hauptsache, keine Fabrikarbeiterin oder Putzfrau.

Das Putzfrausein ist der Referenzpunkt für alles.

Die meisten Frauen um mich herum waren Arbeiterinnen. Die es nicht waren, beobachtete ich genau. Mit Pumps zur Arbeit und wieder zurück, ihr Haar roch auch am Abend noch nach Haarspray. Die Tochter von Freunden meiner Eltern wird Sprechstundenhilfe. Sie ist sehr elegant. Sie zeigt mir ihre Kommode, in der sie feine Wäsche aufbewahrt. Sie hat einen Verlobten. Er ist Offizier in der Türkei. Sie wird zu ihm ziehen. Freust du dich darauf, frage ich sie. Und wie, antwortet sie und streicht über die Wäsche. Er wird mich in dieser Wäsche sehen. Dass ich eigentlich das Auswandern meinte, erwähne ich nicht.

Noch als ich vierzehn Jahre alt war, und auch noch mit fünfzehn und sechzehn, machte ich Gedankenexperimente. Ich blätterte in kostenlosen Werbebroschüren von Möbelhäusern. In den dargestellten Wohnlandschaften lag eine Frau auf dem Sofa oder stand in der Einbauküche. Ich legte den Zeigefinger auf den Kopf der Frau und imaginierte meinen an seiner Stelle.

In einem anderen Leben, so taste ich mich vorsichtig in Gedanken heran, stände ich in dieser amerikanischen Küche mit Bar-Tresen und wartete auf das Brot im Brotbackautomaten. Am Badewannenrand, ein Zimmer weiter, würde eine Kerze brennen und nicht wie bei uns daheim die Wäsche von einer Million Familienmitgliedern über unseren Köpfen baumeln.

Meine Tante kaufte sich gelegentlich eine *Brigitte* und vermachte mir die ausgelesenen Ausgaben. Immer wieder verdeckte ich die Köpfe. Ich im Sommerhaus in der Provence, ich auf einem romantischen Wochenendtrip in Kopenhagen, ich als Investmentbankerin in Frankfurt. Kam mir alles vollkommen absurd vor. Ich im gratis Möbel-Katalog, ich im Avon-Prospekt, ich im Otto-Katalog – bereits das waren Meditationen herausfordernden Umfangs. Ich als künftige Zielgruppe der *Brigitte* schaffte meine Phantasie beim besten Willen nicht. Alles viel zu exklusiv und damit weit entfernt von mir.

War ich alleine zu Hause, trug ich manchmal die Pumps meiner Mutter. Ich wischte vorher sorgfältig die Sohlen ab und lief durch die Wohnung. Einmal trug ich sie, während ich meine Hausaufgaben machte, und stellte mir vor, ich sei eine Sekretärin.

Sosehr ich meine Phantasie auch anstrengte, es gelang mir nicht, mir vorzustellen, wie ich als erwachsene Frau sein würde. Als eine Frau, die sich von den Frauen meiner Umgebung unterschied.

—

Die Lieblingscousine und ich planen unsere Zukunft. Noch sind wir Mädchen. Wir erfinden einander Geschichten darüber, wie wir lieben und leben werden. Polterndes Gelächter unter der Bettdecke bei der Vorstellung, dass wir eines Tages alleine mit einem Mann zu Abend essen. Zu zweit mit ihm Wein trinken. Bis morgens früh wird im Bett tuschelnd die Zukunft ausgemalt. Es werden Dialoge geprobt. In der Phantasiewelt heißen deutsche Akademiker nicht Jörg oder Maik, bei uns heißen sie Ferdinand, Konstantin, Fridolin. Eine muss den Anfang machen. »Konstantin, wie war es in der Kanzlei? Du bist sicher sehr kaputt!«

Die Eltern arbeiten im Vierschichtsystem. Auf sechs aufeinanderfolgende Nachtschichten mit acht Stunden Arbeit folgt der Sonntag mit einer 12-Stunden-Schicht. Sonntägliche Belohnungsstunden, Deutschlanddevise: Wenn kaputtmachen, dann richtig kaputtmachen. In der Woche mit der Nachtschicht erbricht sich der Vater manchmal vor Erschöpfung und Kopfschmerz.

Wir sorgen uns um Konstantin. Das viele Sitzen! Die stickige Luft in der Kanzlei! Er bittet um Aspirin, wir aber, Papperlapapp, Aspirin, viel zu teuer – Lachschmerzen! – eine Chili sollte es auch tun, wenden in unseren Geschichten die Kunst des orientalischen Aufpäppelns an. Das Lachen macht uns schweißnass, wir schütteln die Bettdecke, um uns abzukühlen. Alle halbe Stunde kommt jemand ins Zimmer und schimpft. Wir sollen endlich Ruhe geben. Im Zimmer schlafen nicht nur wir zwei, sondern alle Kinder. Wir sind zu viert, fünft, sechst. Wir reißen uns zusammen. Wünschen uns zum wiederholten Mal in dieser Nacht eine gute Nacht. Drehen uns vorsichtshalber die Rücken zu. Bis wieder eine von uns beiden verdächtig an den Schultern zu vibrieren beginnt. Leises Gekicher schwillt zu erneuter Heiterkeit an. Bettdecken und Kopfkissenzipfel werden eilig in die Münder gesteckt, aber die Notfallmaßnahme kann nicht stoppen, was gleich darauf schallendes Gelächter werden wird. Kaputter Konstantin, Kanzlei, ganz schlimm – wir zerschellen vor Lachen und drücken unsere Körper durch die dünnen Matratzen in die Lattenroste rein, um unsere Lachlautstärke zu dämmen.

Also gut, noch eine Szene:

Wir überbieten uns mit Namensspäßen. Probieren alles durch. Sprechen auf Deutsch mit türkischem Akzent. Auf Türkisch mit kurdischem Akzent. Auf Deutsch mit kurdischem Akzent. Hängen an unsere Vornamen und die unserer zukünftigen Kinder die aus unserer Sicht in Frage kommenden Nachnamen. Von Hohenzollern! Von Thurn und Taxis! Oder, einfacher: Sägebrecht. Wer zuerst lacht, hat verloren. Meistens gewinne ich. Denn es gilt, die Sätze ohne Grinsen vorzutragen. Jede mimische Regung ist verboten: »Gülbahar von Sayn-Wittgenstein, Opa Mürtiz möchte dir zum Geburtstag gratulieren, bitte gehe dazu rasch an den *Apparat*!« Meine Cousine zerbricht vor Lachen. In so einem Satz steckt zu viel drin, das nicht sein kann. Der Opa ruft die Enkelin zum Geburtstag an! Schon das reicht, damit wir uns tagelang nur anzuschauen brauchen, und schon donnert es aus uns heraus. Unsere Großväter kennen die Namen ihrer Enkel selten auf Anhieb aus dem Gedächtnis. Wie auch? Wir sind zu viele. Manchmal rufen sie vor lauter Konfusion einen Namensbrei.

Aus Mustafa und Hatice wird Mustice. Wenn eine Nebahat gemeint ist, aus Versehen aber Sebahat gerufen wird, fällt es gar nicht auf, wenn eine Melahat dem Ruf folgt. Selbst die Namen ihrer eigenen Kinder, also unserer Eltern, werden sie kaum in der Reihenfolge der Geburten aufsagen können. Dazu haben sie auf dem Einwohnermeldeamt zu oft getrickst. Da wurden Kinder paarweise, aber in falscher Reihenfolge gemeldet. Jedenfalls, Opa Mürtiz am Apparat! Ein viel zu galant, viel zu fortschrittlich formulierter Satz für unsere Opas und Omas. Die halten in ihren abschüssigen anatolischen Dörfern die Hörer nicht senkrecht ans Ohr, sondern vorsichtig wie ein auf dem Bauch liegendes Neugeborenes in ihren Händen. Abwechselnd schreien sie in den Kopf oder in den Po.

In der Schule hieß es, wir sollten lernen, was unseren Talenten entspreche. So ein Satz wirkte wie die Aussicht auf einen Besuch in einem Raumschiff.

In der Familie galt die Anweisung, die Lebenswelt der Eltern zu verlassen. Man soll aufsteigen und es besser haben. Die Gesellschaft aber signalisiert das Gegenteil von dem, was die Gastarbeitereltern sich für ihre Kinder wünschen. Aus Sicht der deutschen Gesellschaft soll man bleiben, wer und vor allem wo man ist. Die Tochter von Gastarbeitern hat eine soziale Aufgabe. Sie muss der Gemeinschaft dienen. Sie soll arbeiten. Sie wird benötigt. Aber nicht als was Besseres. Sie soll es keinen Schritt weiter bringen als ihr Vater und ihre Mutter.

»Wir riefen sie, weil wir sie brauchten.« Es sind die mittleren achtziger Jahre. Allmählich wird der Ruf laut, dass man neben der Lohnsteuerkarte auch das Rückflugticket bereithalten solle. Den Gastarbeitern aus der Türkei bietet man Rückkehrprämien an, für die sie ihre erworbenen Rentenansprüche in den deutschen Sozialkassen zurücklassen sollen. Die Krankenversicherungsnummern werden gestrichen, ebenso das Rückkehrrecht. Man gibt den Gastarbeitern 10 500 Mark und tilgt sie im Gegenzug aus den Sozialversicherungsregistern. Einige lassen ihre volljährigen Kinder zurück. Werden die Kinder krank, dürfen die Eltern nicht mehr nach Deutschland einreisen. Es gibt diese Geschichten zuhauf. Die Sterbenachricht erreicht die Angehörigen in der Türkei nach monatelangem Krieg mit der Visabehörde eher als der ersehnte Bescheid über ein vierzehntägiges Besuchsrecht. Man steht am Flughafen und verabschiedet die Särge. Es besteht kein Bedarf mehr an der Arbeitskraft, geräuschloser kann man kaum verschwinden. Jetzt erst begreifen die Gastarbeiter, was es bedeutet, wenn ein Staat einen aus seinem Gedächtnis stempelt.

In einer solchen Atmosphäre denkt niemand an die Entwicklung der Talente der ausländischen Putzfrauentöchter. Es gibt offensichtlich zwei Kategorien von Frauen: die Frauen in der Schauma-Shampoo-Welt und man selbst. Die Frauen in der Schauma-Welt erleben nach der Haarwäsche einen herrlichen Tag am See. Die anderen sehen am Flughafen zu, wie die Toten in den Rumpf des Flugzeugs gerollt werden. Selbst in der Pril-Werbung sucht man vergebens eine schwarzhaarige Frau am Spülbecken, die vom Geschirrwaschen samtweiche Hände bekommt und anschließend ihren Talenten folgt. Das

Verrückte ist, dass man selber auch nicht auf die Idee kommt, eine Schauma-Shampoo-Frau sein zu können.

Bald darauf wurden die Wohnhäuser der Gastarbeiter angezündet. Am Abend in der Tagesschau sieht man die Gesichter der Opfer. Jetzt endlich erkennt man ein Gesicht, das einem selbst ähnelt. Damit ist endgültig klar: Man soll hier nicht bleiben und eine sagenhafte, eine stolze, eine erfolgreiche Frau sein. Man soll eine Frau sein, die möglichst bald das Land verlässt. Man soll abreisen, verschwinden. Man ist eine verzichtbare Frau.

Ich bewegte mich in einer Umbruchphase. Ich gehörte zu den ersten Mädchen, denen es erlaubt war, mit deutschen Kindern in die Schule zu gehen. Viele meiner Generation mussten noch die türkischen Klassen besuchen. Die Schulpflicht in einer staatlichen deutschen Schule für Kinder türkischer Gastarbeiter wurde gerade erst eingeführt. Die Aussichten waren limitiert, beinhalteten kaum etwas, das Lust auf Zukunft machte.

Bald darauf irrlichterten wir durch die Universitäten. Ausnahmslos alle in Deutschland aufgewachsenen Mädchen meiner Familie erreichten akademische Abschlüsse und arbeiteten danach. Jede von ihnen ist heute verheiratet, geschieden oder neu liiert. Um die Herkunftsländer unserer dazugekommenen Familienmitglieder aufzuzeigen, benötigen wir den ganzen Globus. Lauter neue Sayn-Wittgensteins. Spülbecken und Pril sind übersprungen, es brummen die Geschirrspülautomaten. Das Haar wird mit Naturkosmetik aus der Apotheke behandelt. Man ist gesundheitsbewusst. Nein, mehr als das. Man weiß jetzt plötzlich wirklich jeden Scheiß. Dieser Sprung ist und bleibt ein Mysterium. Vor allem, und das stellte sich erst spät heraus, ging jede ihren Weg allein. Es gab keinen Schulterschluss, keine Bürgerbewegung, keine öffentliche Solidarität, keine Protestmärsche, keine Projektförderungen, keine Anschubfinanzierungen. Wir fädelten uns geräuschlos in den Kreisverkehr ein und bogen in die richtige Richtung ab. Es war eine stille Revolution. Nicht einmal die Revolutionärinnen selbst merkten, was sie vollbracht hatten. Draußen war nämlich zeitgleich große Deutschlandrevolution. Aus zwei alten Deutschlands wurde ein neues Deutschland. Drinnen dagegen wurden mit dem Aufstieg der Gastarbeitertöchter neue innerfamiliäre Grenzen gezogen. Es entstanden Zwei-Klassen-Gesellschaften, Arbeiter und Akademiker erstmals unter einem Dach.

Auf einmal ergaben sämtliche Mühen der Gastarbeitergeneration Sinn. Alle Schmerzen und Demütigungen waren auf einen Schlag abgegolten, weil wir, die Töchter, die Strapazen unserer Vorfahren in Gold verwandelten. Vielleicht ist das der Grund, weshalb die erste Generation der Gastarbeiter nie aufbegehrte. Sich politisch nie bemerkbar machte, niemals Ansprüche stellte. Der Aufstieg ihrer Töchter entschädigte sie für alles. Bald schon fühlten sie sich quitt.

Ich bin meinem Versprechen treu geblieben. Mit fünf oder sechs Jahren baue ich mich im kurdischen Dorf vor meiner Familie auf, so erzählten es später die Tanten, und verkünde eine wichtige Entscheidung: Ich werde niemals heiraten und niemals Kinder bekommen. Es folgten allgemeines Gelächter und Applaus.

—

Alter spielt für das Kind eine große Rolle. Ich nahm mich nicht als Mädchen wahr, sondern als Kind. Ich bin noch ein Kind, ich darf das nicht, war ein Satz, mit dem es fremde Einladungen abzuwehren galt. Oder: Ich bin ein Kind, ich muss erst fragen. Alles, was sich an Jahren mir selbst entfernte, wurde von »das Baby« bis zu »der Onkel« oder »der alte Mann« durchkategorisiert. Dann kamen die Unterkategorien wie »die fremde Frau«, »der böse Mann«. Nicht Mann und Frau machten den Unterschied, sondern alt und jung. Die größte mir bekannte Differenz zwischen alt und jung waren die Knöchel. Alte Menschen hatten weiche, aus cremefarbenen Schuhen quellende Füße. Füße, die aussahen, als wären sie in weiche Camemberts geschlüpft und steckten darin bis zu den Knöcheln fest. Ein Kind schaut so auf die Welt.

Wenn ich auf dem Schoß eines alten Onkels saß, war mein Gesicht auf der Höhe seines geöffneten Hemdes, aus dem das dunkle Brusthaar herausströmte. Mit dem sehr frischen zitrusartigen Duft des Eau de Cologne, oder *kolonya*, wie es bei uns hieß, war dieser Zitronenhain im schwarzen Brusthaar eines alten Mannes einer der schönsten Orte der Welt. Ich sage »alter Mann«. Dabei waren diese Männer zwischen vierzig und siebzig Jahre alt. Cousins, Onkel, nahe und entfernte Verwandte. Lange Zeit existierte für mich als kleines Mädchen nichts zwischen den beiden Beinen eines Mannes und seiner Brust. Als ich anfing, die Landschaft dazwischen wahrzunehmen, hörte ich schlagartig auf, mich wahllos auf die Schöße der Männer heben zu lassen.

Zeitweise lebe ich im Bergdorf bei einem meiner Onkel und seinen Kindern. Auch das ist bei den ersten Gastarbeitern so. Die Kinder werden hin- und hergeschickt. Wo beispielsweise die Natur eine Frau nicht Mutter werden lässt, reagiert die Gemeinschaft darauf, indem sie dem Paar eines ihrer Kinder ausborgt. Ein paar Jahre lang darf sich das kinderlose Paar dann an dem Kind der Schwester oder des Bruders satt lieben. Oder die Kinder werden in die Türkei vorgeschickt, und die Eltern planen, bald nachzukommen. Oder die Kinder werden dort geboren und dort gelassen. In vielen Familien gibt es Kinder, die wie Pakete mit Schuhen, Brillen und Medikamenten verschickt werden. Jede dieser Familien hat ihre eigenen Geschichten und Gründe.

Auch ich erlebe eine Verschickung. Die Umstände in der Türkei sind anarchisch. Ein karges Leben in einer wilden Umgebung ohne Wasseranschluss und Strom. Die politische Situation ist katastrophal. Ich erfahre dadurch die wichtigste Lektion meines Lebens. Wo die politischen Verhältnisse instabil sind, lieben sich die Menschen anders. Sie flüchten sich in die Leidenschaft, suchen Schutz und Wärme in der Umarmung eines anderen. Hinter jedem Busch und jedem Baum, so kommt es mir damals vor, erwischt man Paare, die erschrocken auseinandergehen und so tun, als würden sie sich nicht kennen. Ich kann an diese Zeit nur in der Kombination von politischem Widerstand und Liebe denken. Es wurde so wahnsinnig viel geliebt. Wie sehr ich auch versuche, die Anekdoten vom Aroma der Verklärung zu reinigen, sie wirken intensiv nach. Ich war immer mit meinen Cousinen zusammen. Von ihnen erfuhr ich vom Frausein und von der körperlichen Liebe.

Eine der mittleren Cousinen wollte gegen den ausdrücklichen Wunsch ihrer Familie heiraten. Der junge Mann wirkte unscheinbar, fast ein wenig einfältig. Keinen geraden Ton kriegte er heraus, und das, obwohl er so ein breites Kreuz hatte. Mein Onkel tröstete sich mit seinen breiten Schultern und dem Gedanken, dass der Dummkopf wenigstens schwere Lasten heben könnte. Die verliebte Cousine wollte wenige Tage vor ihrer Verlobung für einige Stunden verschwinden. Sie bat mich und ihre ältere Schwester, mit zu verschwinden, damit sie später behaupten könnte, wir seien gemeinsam spazieren gewesen. Sie wollte sich natürlich mit ihrem Verlobten treffen. Wir begleiteten sie in die Berge und ließen sie dort allein zurück.

Wir liefen durch die Hitze, vertrieben uns die Zeit bis zum Zeichen. Die verliebte Cousine echote mit ihrer Hirtenflöte zwischen den hohen Bergen, wie vereinbart liefen wir ihr entgegen. Wir sahen sofort, dass sie anders war, dass etwas passiert war. Sie sprach heiser, und matt war sie auch. Ihr Blick war, als hätte jemand von innen die Gardinen zugezogen. Ihre Kleidung war unordentlich. Es war offensichtlich, dass sie etwas zu berichten hatte. Wir hielten Wache, während sie sich am Fluss wusch.

Dann erzählte sie.

Er habe sie »unten« geküsst. Wo unten, fragte ich. Beide Cousinen kicherten. Na, unten halt. »Da unten?!« Ich war entsetzt. Da unten konnte man was mit dem Mund küssen? Ich hatte noch nie davon gehört. Ich wusste, dass Männer sich in Frauen reinsteckten, aber selbst da war mir nicht ganz klar, was und vor allem wie viel von dem »da unten« reingesteckt wurde. Musste der Hodensack mit rein?

Ich war zwölf oder dreizehn Jahre alt und schockiert. Wie ist er denn dahin gekommen, fragte ich. Meine Cousine erklärte es. An einen Felsen habe er sie gelehnt, sich hingehockt und sein Gesicht zwischen ihre Beine geschoben. Wie viele Küsse waren es? Einer, zwei? Nein, nein, nicht so ein Kuss, klärte mich die verliebte Cousine auf. Kein Kuss mit geschlossenen Lippen und Geräusch, sondern einer mit offenem Mund.

Sie beschrieb:

Als lutsche man aus einer umgestülpten Feige das Fruchtfleisch heraus.

Als beiße man in eine überreife Tomate und der Saft läuft an den Mundwinkeln hinab.

Als würde man sein Gesicht in einen Melonenschnitz versenken und ein Stück herausbrechen.

Als würde man einen Suppenknochen in den Mund stecken und das Mark heraussaugen.

Als würde man ein Stück Zucker an den Gaumen drücken, einen Schluck Tee trinken und die Flüssigkeit durch den Würfelzucker ziehen.

Als würde man trockenes Brot weichspeicheln.

Als würde man eine geröstete Aubergine im Mund mit den Zähnen von der Haut abtrennen und das Stück Schale durch die Lippen rauspusten.

Als würde man seine Zungenspitze in einen Sonnenblumenkern stecken und das Samenkorn herausjonglieren.

Am Tag darauf begleiten wir sie erneut zum Bach und vertreiben uns die Zeit. Dieses Mal nehmen wir noch einen Cousin mit. Er spielte eine komplette Beerdigung mit Hinterbliebenen, streunenden Hunden und der Leiche eines Dorfbewohners nach. Wir erzählten uns eine Menge anderer Geschichten. Irgendwann hörten wir das Flötenecho im Zickzack zwischen den Bergen und liefen los.

Wieder brachten wir die verliebte Cousine zum Fluss, wieder wusch sie sich. Was tat er dieses Mal, fragen wir. Er hat meine Brüste herausgeholt und sie geknetet, antwortete sie. Wieder war sie matt, wieder waren die Lider schwer und der Blick verschleiert. Wir waren vollkommen außer uns. Wie hat er es gemacht? Wie? Nun erzähl schon!

Sie beschrieb:

Als würde er vorsichtig einen Teigballen vom bemehlten Holzbrett aufnehmen.

Als würde er mit beiden Händen frisch geschorene Schafwolle vom Boden heben.

Als würde er in den Fluss greifen und nach großen runden Kieseln suchen.

Als würde er gleichzeitig mit zwei Händen die Köpfe von Zwillingen einseifen.

Als würde er einem alten Mann heimlich von hinten die Schuppen von den Schultern wischen.

Als würde er auf der Wange eines neugeborenen Babys ganz sanft eine Mücke totschlagen.

Als würde er mit Daumen und Zeigefinger auf der Brustspitze Blindenschrift entziffern.

»Mensch, versteh doch«, sagte mein Cousin und baute sich schlaumeierig vor mir auf: »Als würde er mit beiden Händen in den Käsetrog greifen und die gestockte Milch auseinanderbröseln.« Die Cousinen klatschten ihm rechts und links Ohrfeigen ins Gesicht. Was weißt denn du, du kleiner Ochse? Noch keine drei Haare unter dem Arm und weiß schon, wie man eine Frau anfasst. Der Cousin war erst fünf!

Ein anderes Mal wusch mich die Cousine. Mit einem Stück Seife brachte sie den selbstgestrickten Waschlappen zum Schäumen, strich mit ihm über meinen Körper. Mit einer Tasse aus Blech goss sie warmes Wasser über meine eingeseiften Arme, Schultern und meinen Rücken. Das Wasser hatten wir zuvor auf der Feuerstelle erhitzt.

Die Cousine sagte:

Dein Körper wird sich bald verändern. Lass dir bloß nichts anderes einreden: Es ist schön, eine Frau zu sein.

—

Zurück in Deutschland soll sich der Orthopäde meine Schlüsselbeine anschauen. Die Mutter guckt jetzt immer genau hin, hat Sorge, dass ihr eine Krankheit entgeht. Die Enden meiner Schlüsselbeine schießen aus den Schultern heraus. Als hätte mir jemand in die Achselhöhlen gedrückt und die Knochen hochgeschoben. Zu viel Skelett, zu wenig Körper. Ich stehe im Unterhemd vor dem Arzt, er sitzt auf einem Hocker vor mir. Stumme Weigerung, das Unterhemd auszuziehen. Er will mich untersuchen, ich aber mag nicht berührt werden. Ich sage nichts, mache aber auch nicht mit. Meine Hände halten sich aneinander fest, liegen wie angewachsen vor meinem Brustkorb. Ich kämpfe mit mir und schaffe es nicht, meine Hände von dort wegzunehmen. Er schreckt davor zurück, mich trotzdem anzufassen. Schließlich dreht er sich zur Mutter und findet: *Schwimmen wird alles richten. Schwimmen macht stark und glücklich.* Außerdem kriege man davon schöne Brüste. Mein Körper wird noch in der gleichen Woche im Schwimmclub angemeldet.

Ein Nachbar erzählt der Mutter, man bekomme vom Handball starke Arme und Schultern. Mein Körper wird beim Handball angemeldet.

Beim Badminton, weil es den Rücken kräftige.

Fahrradfahren sei gesund. Das Allergesündeste! Ein Fahrrad wird angeschafft.

Aber ich verursache Unfälle in Folge. Das erste Mal fahre ich vor einen Laster. So leicht und schnell ich unter das Fahrzeug gleite, so mühelos kann man mich wieder hervorziehen. Ich will weiterfahren, ich werde zu Hause pünktlich erwartet. Man hält mich fest, Polizei und Krankenwagen werden gerufen. Ich habe Angst um die Eltern, sie vertragen solche Nachrichten nicht gut.

Das nächste Mal erfasst mich ein Auto. Ich rolle hoch bis zur Windschutzscheibe und rutsche wieder hinunter. Erneut will ich nach dem Unfall flüchten. Der Fahrer packt mich, steckt mich ins Auto, fährt mich ins Krankenhaus. Die Eltern kommen, der Fahrer weint. Er hat eine Tochter in meinem Alter. Er ist kaum zu beruhigen, die Eltern trösten ihn.

Ich übersehe den Bus. Der Fahrer dieses Unfalls wird arbeitsunfähig. Er geht in Frührente.

Das Fahrrad wird wieder abgeschafft. Dass etwas mit meinen Augen nicht stimmen könnte, wird nicht in Betracht gezogen. Man hat meine Träumerei im Verdacht.

Sport verursacht mir große Schmerzen, weil ich mit den Körpern der Kontrahenten nicht mithalten kann. Ich lerne, Schmerzen auszuhalten und weiterzuschwimmen, weiterzulaufen. An unzähligen Wochenenden lasse ich mir die Schienbeine demolieren. Meine Schultern sind blau von den vielen Bällen, die ich verfehle. Ich sehe den Handball immer erst, wenn ich ihm nicht mehr ausweichen kann. Ich mache, was man mir sagt. Soll ich laufen, laufe ich, soll ich stoppen, bleibe ich stehen. Nur am Stufenbarren im Schulsport bin ich gerne. Ich lerne die Übungen schnell, beherrsche jedes Kunststück. Mein Körper ist klein, wie gemacht für diesen Sport. Ich mache, was man mir sagt. Es liegen dicke, blaue Matten aus. Ich nehme meinen Körper nicht als etwas wahr, das man beobachten und spüren kann. Oder schützen muss. Dass der Körper aus Organen, Adern, Knochen besteht, dass er ein Aussehen hat, ist mir nicht bewusst.

Aus heutiger Sicht war es ein zäher Körper. Aus damaliger Sicht hängt er nur zufällig an mir dran. Als die erste Tante mich darauf aufmerksam macht, dass ich Brüste bekomme, schaue ich hinunter und sehe nichts. Ich habe keine Beziehung zu meinem Körper. Kein einziges Mal komme ich auf die Idee, mich selbst anzuschauen. Dass es einen Übergang vom Mädchen zur Frau gibt, ist mir nicht bekannt. Ich glaube, es interessierte mich nicht. Und deshalb bestand kein Interesse an den Übergängen. Darum kann ich mich nicht erinnern, wie ich aussah, bevor ich die Frau wurde, die ich heute bin.

Dann aber finde ich ein Buch, das alles verändert. Ich leihe es in der Stadtbücherei aus, es heißt *Callanetics*. Wie jedes Buch, das ich mir ausleihe, schaue ich mir erst zu Hause an, wovon es handelt. Ich greife immer wahllos Bücher aus den Regalen und nehme sie mit. Meine Aufmerksamkeit erregen sie, wenn sie nicht ins Regal eingeordnet sind, sondern auf besonderen Buchhaltern präsentiert werden. Das Sportbuch enthält Anleitungen zu einer Gymnastik, die aus Dehnübungen besteht. Eine Mischung aus Ballett, Yoga und Pilates, wie ich heute weiß. Jede Übung ist mit einem Foto oder einer Zeichnung bebildert. Ich kann präzise nachvollziehen, worauf zu achten ist.

Ich beginne mit der ersten Übung. Stehen, den Bauch anspannen. Dann das Bein auf einem Tisch ablegen, sich langsam darüberbeugen. Das erste Mal überhaupt, so erlebe ich diesen Moment, ist es nicht mein Körper, der mich bewegt, sondern ich bewege meinen Körper. Ich nehme wahr, dass ich Oberschenkel, Waden, einen Bauch, einen Rücken, Schultern habe. Das erste Körperteil, an das ich mich in dieser Weise erinnern kann, sind meine Beine. Ich liege seitlich und greife nach meinem Fuß. Ich ziehe das Bein bis über meinen Kopf. Ich kann mehr als die Frau in der Zeichnung. Von da an ist es wie eine Sucht. Ich kann kaum abwarten, bis ich zu Hause allein bin und meine Körperteile hin und her schieben kann. Glück durchströmt mich. Ich kann nicht fassen, dass etwas so schön ist und dass ich es mit mir selbst erlebe.

Eine angeheiratete Tante ist Lehrerin, die im Rahmen der deutsch-türkischen Verträge aus der Türkei nach Deutschland geschickt wurde, um Gastarbeiterkinder auf Türkisch zu unterrichten. Sie kommt aus einer großstädtischen Gelehrtenfamilie und hat es mit ihrer gehobenen türkischen Mittelschichtsart bei den Gastarbeitern schwer. Doch sie lernt schnell. Bald schon bittet sie nicht mehr zum Elternabend, sondern geht die Eltern besuchen, gründet Frauengruppen, engagiert sich in der Hamburger Gesellschaft. Sie kommt aus der linken türkischen Bewegung und interessiert sich für feministische Literatur. Sie gibt mir ein Buch. Es erzählt, was passiert, wenn man eine Frau wird. Was beim ersten Frauenarztbesuch geschieht. Was genau eine Menstruation ist. Fotos von einer Geburt werden gezeigt, von einem Geschlechtsakt, von einem weiblichen Genital. Es sind Schwarzweiß-Aufnahmen. Eine Übungsanleitung ist auch dabei. Man soll sich nackt mit gespreizten Beinen vor den Spiegel setzen, die Schamlippen auseinanderziehen und sich anschauen. Oder sich über einen Spiegel hocken. Oder einen Handspiegel nehmen. Egal wie, man solle, nein, man müsse sich angucken. Wichtig sei das. Ganz wichtig. Nie zuvor war ich mit dem Vorschlag konfrontiert, mich zwischen den Beinen anzuschauen. Das Buch geht sogar noch weiter. Die Kreise werden beschrieben, mit denen man sich streicheln solle, von einer Gurke – oder war es eine Möhre? – ist die Rede, und bitte, unbedingt vorher schälen, und dann auch mal probieren, nicht das Gemüse, sondern am Finger lecken, man solle sich nicht wundern, es werde salzig schmecken, so viel wird vorneweg verraten.

Ich lese diese Stellen immer und immer wieder. In der Schule erzähle ich meiner Freundin von dem Buch, deren Schwester Hebamme ist. Angeblich, so habe es diese Schwester erzählt, würden sich schon sehr kleine Mädchen auf dem Bauch liegend an der Matratze reiben, das sei ganz normal. Wie auch das Sich-selber-Streicheln. Und ob ich denn nie?

Das Buch wühlt mich auf, weil mir die Anleitung zur Selbstbefriedigung vor dem Bedürfnis nach Selbsterkundung begegnet. Die Bücherei wird nun gezielt abgegrast nach solcher Art von Erklärliteratur. Ausgerechnet in der Kinderbuchabteilung finde ich ein Bilderbuch, das den Geschlechtsakt mit

Zeichnungen erklärt, mit denen ich etwas anfangen kann. Der Penis des Papas will in die Scheide der Mama, weil sie sich gernhaben. Sein Erguss wird mit drei Tropfen angedeutet, die wie aus einer Gießkanne ausgegossen wirken. Ein anderes Buch arbeitet mit echten, farbigen Fotos. Ich gehe nah dran. Ich kann nicht glauben, dass das auf den Fotos echte Geschlechtsteile sind, ich habe noch nie in meinem Leben eine behaarte Scham gesehen. Die des Mannes fasziniert mich sehr. Sein Haar auf dem Kopf ist blond, aber das da unten erinnert mich an ein kastanienbraunes Eichhörnchen mit geschorenem Schwänzchen, das sich unter dem Bauchnabel zusammengerollt hat. Neben ihm liegt eine Frau, die zwischen den Beinen aussieht, als hätte man ihr eine Portion Wildreis dorthin gekippt. Mein Blick kehrt immer zum Mann zurück, meine Nase berührt fast sein Eichhörnchen, meine Augen sind so schlecht, lesen kann ich nur in dieser albernen Haltung, als ich eine Stimme neben meinem Ohr höre: Das interessiert dich wohl sehr?, fragt mich mein Sportlehrer, der zufällig auch in der Bücherei ist. Ich klappe das Buch zu, lege es zurück und gehe nach Hause.

Tage später, auf dem Schulhof, steht der Sportlehrer neben mir und sagt, du kannst mit mir darüber reden. Ich frage, worüber? Er sagt, über das neulich. Ich habe keine Sprache für diese Situation. Er beugt sich etwas zu mir herunter, Männer haben ein Glied, das ist normal, ich habe auch eins. Ich stehe kerzengerade vor dem Lehrer, jemand hat Beton in mich gegossen. Ich kann mich nicht fortbewegen. Dein Vater hat auch ein Glied, sagt er. Hast du deinen Vater noch nie nackt gesehen? Ich laufe zu Hause immer nackt, das ist schön, darfst du zu Hause nackt sein? Bei euch ist alles anders, nicht wahr?

Du darfst keinen Freund haben, stimmt's? Mit vierzehn kann man schon Sex machen, bist du noch Jungfrau? Du bist noch Jungfrau, was? Hast du schon deine Regel? Wenn du deine Regel hast, kannst du schwanger werden. Das willst du doch bestimmt, nicht wahr? Eine Lawine aus Fragen rollt über mich. Ich weiß, dass das, was er da gerade macht, vollkommen falsch ist. Da ist kein Zweifel bei mir, auch keine Angst. Stattdessen Riesenentsetzen. In wenigen Sekunden ist mein Lehrer vor mir geschrumpft. Ein großer Mann, gut aussehend, keiner von den peinlichen, eher einer von den guten, der nie durchdreht, nicht die Fassung verliert, richtig lässig eigentlich, schrumpft zentimeterweise vor mir. Ich weiß nicht, wie und warum es gelingt, aber plötzlich lässt sich der Beton abschütteln und ich sage: Ich werde zum Schuldirektor gehen und dieses Gespräch melden.

Für einen Moment – das ist manchmal so, dass man spürt, wie das Gegenüber gegen einen starken Impuls kämpft, ihn mühsam zügeln muss – fühle ich, wie ich einer Hand entgehe, die jetzt lieber zuschlagen würde.

Statt zum Direktor gehe ich zu meiner Kunstlehrerin, denn ich mag sie sehr. Ich erzähle ihr alles. Innerhalb von Tagen regelt sich die Angelegenheit auf überraschende Weise. Der Sportlehrer muss sich erklären. Er bittet mich in Anwesenheit des Vertrauenslehrers und der Kunstlehrerin um Entschuldigung für etwaige Missverständnisse. In dem Alter (er meint meins) gingen Phantasie und Hormone mit einem durch, ein schwieriges Alter (meins), in dem man manchmal Nuancen vermute, wo keine seien, jedenfalls große Bitte um Entschuldigung und Versöhnung, und dann Abgang des

Sportlehrers, Tür zu. Drinnen bleiben wir drei zurück, die Kunstlehrerin, der Vertrauenslehrer und ich. Schließlich sagt die Kunstlehrerin: Was für ein Arschloch!

Der Vertrauenslehrer zwinkert mir von da an in der großen Pause oft zu. Wenn was sei, keine Scheu, bitte von jetzt an kommen, alles erzählen. Und großes Lob: Mutig sei ich, ganz, ganz mutig. Der Zuspruch beglückt. Noch lange geht das so. Stolz strömt durch meinen ganzen Körper. Am liebsten würde ich zu Hause alles erzählen. Aber ich halte mich zurück. Zu groß ist die Sorge, dass die Eltern Konsequenzen daraus ziehen. Das Fahrrad ist bereits weg. Wer weiß, was noch gestrichen werden könnte.

Irgendwann, das Bein liegt auf dem Schreibtisch, der Rücken lang, die Arme hoch, einatmen, langsam beugen, ausatmen, die Stirn legt sich auf das Knie, ein bisschen ist es wie ein Versehen, das Standbein balanciert auf der Fußspitze, ein bisschen ist es auch ein Vorsatz, schiebt sich der Finger durch den Stoff im Schritt. Schiebt sich langsam über das noch spärliche Haar, öffnet die Spalte, berührt nur ganz kurz. Der Finger erkundet nicht ausgiebig, aber doch lang genug, um zu merken, wie weich die Stelle dort ist, so weich ist keine andere Stelle am Körper, etwas weiter zwischen den Hautfalten verliere ich die Übersicht, vermute die Öffnung, die da aber noch nicht ist, sondern noch etwas weiter unten, der Finger zieht sich zurück, der Rücken löst sich langsam, einatmen, ausatmen.

Es war eine Grenzüberschreitung. Eine an mir selbst vorgenommene, selbst gewählte Erkundung, die zwar noch lange kein Ich-bin-eine-Frau-Gefühl auslöst.

Aber ein Ich-habe-*da*-etwas-Gefühl.

—

Sommerferien, Türkei. Ich bin sechzehn Jahre alt. Ständig biete ich an, zum Strandkiosk zu gehen, Toast und Getränke für die ganze Familie zu holen. Es bleibt nicht unbemerkt, dass der junge Mann am Tresen und ich uns gut verstehen. Geht jemand anderes statt mir zum Kiosk, schickt der charmante Kerl meinen Lieblingstoast als Gruß mit. Dabei macht er einen Spruch, der so offensichtlich übertrieben ist, dass sich keiner wirklich echauffiert. Er sagt, dieser Toast ist der letzte Toast. Wir schließen den Laden, weil ich sterben werde. Denn sie will mich nicht.

Ich kenne diesen Trick, weil auch ich ihn anwende. Größtmögliche Offenheit, um hinter dem Schleier vermeintlicher Transparenz die eigentlichen Manöver zu starten.

Er und ich übertreiben es aber etwas zu sehr, so dass bald eingeschritten wird. Die älteste Tante (wir nennen sie heimlich Al Pacino) hält mir einen Vortrag: Flirten schön und gut. Aber doch nicht mit einem, der sein Geld mit Toasts verdient! Man habe da jemand ganz anderen für mich im Auge, der unfassbar *efendi* in Auftritt und Benehmen sei.

Meine ganze Jugend über haben die Tanten jemanden kolossal Efendihaften für mich im Auge. Sie sind viele: vier Tanten mütterlicherseits, zwei Tanten väterlicherseits, angeheiratete Tanten, die Anzahl insgesamt unübersichtlich. Sie alle haben Burschen in ihren Verkupplungskarteien und den Ehrgeiz, für uns Mädchen jemanden klarzumachen. Sie sind im Stress bei dieser Angelegenheit, denn wir sind nur sechs Wochen im Jahr da. Die Vorarbeit haben sie meist schon geleistet (Fotos von uns zeigen, Angebergeschichten erfinden. Statt meinem Foto wird natürlich das meiner Cousine gezeigt, denn ich trage eine Brille). Die Vorstellung, dass eine der Nichten mit einem braungebrannten barfüßigen Fischer anbändelt, der die Fische lebendig in den heißen Toast drückt, ist für die Tanten ein Alptraum. Al Pacino redet mir ernsthaft ins Gewissen: »Eines Tages wird er dich genauso ins Brot drücken und aufessen, willst du das wirklich?« (Ja, wollte ich!) Da wir höhere Schulen besuchen, ist völlig klar, dass keine Tante Lust hat, großzügige Geldgeschenke für einen Bräutigam springen zu lassen, der von dem Geld neue Strohfransen für seine Strandbar und einen leistungsfähigeren Sandwichtoaster kaufen wird. Ihre Visionen beginnen ab Herzchirurg aufwärts. Sich selbst sehen sie meist als elegante Vorzimmerdame im Sekretariat.

Es gibt einen umfangreichen Regelkatalog, den eine junge Frau aus Sicht der Kuppel-Tanten zu beachten hat: Kein klimperndes Kleingeld in den Hosentaschen (man ist schließlich kein Maisverkäufer), Beine übereinanderschlagen, sonst stechen einen die Mücken *dahin*, und dann muss man sich ständig dort kratzen (hohe Missverständnisgefahr!), umfangreiches Lied- und Gedichtrepertoire beherrschen (in Sprechpausen hinein die Weise der traurigen Mutter anstimmen, die ihren Sohn im Krieg verlor), aufrecht gehen (man gewinnt mindestens drei Zentimeter dadurch!).

Ganz wichtig, gleich beim ersten Treffen sagen: *Ich bin nicht so eine!*

Oder noch besser, die volle Ansage machen und schon nach dem ersten *Selam* die Lage wie folgt zusammenfassen: *Hör zu, wenn das hier nur ein Techtelmechtel ist, so nach dem Motto bumsibamsi, dann fahr zur Hölle! Dort wartet meine Tante auf dich und perforiert dich mit ihrer glühenden Mistgabel!*

Ansonsten: Hände bleiben strikt auf der Kleidung, Küssen erlaubt (aber *ohne Zunge!*, denn, goldene Regel: Auf die Zunge folgt *immer* eine Abtreibung!).

Und weiter: Permanente Rücksprache mit den Vermittlungsagentinnen halten, die natürlich gierig auf Berichte sind. Und die wir ihnen, Ehrensache, großzügig bieten (»Ich schwöre, Tanteciğim benim, er hat gesagt, er fände dich sehr nett und dass du überhaupt nicht wie über dreißig aussiehst«).

Wir unsererseits hatten natürlich auch unsere goldenen Regeln. Ein Typ, den die Tante anschleppt, taugt in hundert Jahren nichts. Eher findet man in einer Horde schielender Kamele ein halbwegs normales, das als Freund taugen würde, als einen in den als Efendis einsortierten Flirtakten. Immer hieß es, dass der Kerl angeblich eine Litfaßsäule sei. Immer latschte uns beim Verkuppeltwerden ein verbogener Pfannenstiel entgegen. Handelte es sich alle Jubeljahre doch einmal um einen ansehnlichen Kerl, hatten sie ihn ganz sicher mit viel Geld bestochen. Wie auch wir uns hatten bestechen lassen.

Der Onkel verstand, dass ich den Toastzubereiter am Strandkiosk wirklich nett fand. Er sagte zu mir:

Hör weder auf die Eltern noch auf die Tanten. Du bist jetzt eine junge Frau. Du wirst deine Zigarette rauchen. Du wirst dich mit einem Jungen treffen. Und es geht niemanden etwas an. Wenn es Probleme gibt, kommst du zu mir.

Oft waren es die Onkel, die einem Rückendeckung gaben. In ihrer Starthilfe steckte die Rückmeldung, dass man für befähigt gehalten wurde, Verantwortung für sich selbst zu übernehmen. Eine Freundin erzählte mir, dass es bei ihr der Vater war, der ihr durch die Blume sagte, dass sie es sei, die entscheide, was mit ihrem Körper geschehe. Sie interpretierte das nicht als »Probiere dich aus«, sondern als »Du allein wirst den Richtigen finden«. Die Vorstellung, mit den Eltern über das eigene Begehren zu sprechen, war abstoßend. Das gehörte sich einfach nicht. Es gab genug Gesprächspartner in der eigenen Altersklasse.

Die Moral der damaligen Zeit scheint mir von heute aus betrachtet sehr vielschichtig. Neben dem Gesprochenen galt immer auch das Unausgesprochene. Das laute »Ich erlaube dir« beinhaltet immer auch die stumme Ermahnung »Übertreibe es nicht«. Es ist eine komplizierte Dialektik. Sie gestattet etwas und will unbedingt großzügig sein und ist gleichzeitig voller Ängste. Die Tanten sind die ersten ihrer Generation, die Strandurlaub machen. Wir Mädchen aus dem

Ausland die ersten, die deutsche Gymnasien besuchen. Man liegt in Bikinis am Pool oder am Strand, man hat ein Ferienhaus gemietet (die ganze Familie legt dafür zusammen), man will Anschluss finden an die Moderne und hat dabei ein eigenes Verständnis von weiblicher Eleganz und Würde. Frauen dürfen sich zeigen, aber nicht anbieten. Dürfen flirten, aber sich nicht anbiedern. Dürfen selbstbewusst sein (Rücken gerade, Brüste raus), aber nicht provozieren. Dürfen nicht angeben, aber können ruhig arrogant sein. Nicht schnell, sondern langsam laufen, das aber nicht durch Männergruppen, und falls doch gezwungenermaßen durch eine Männergruppe, dann Tempo zulegen. Jede Regel hat dutzende Einschränkungen und Sondervereinbarungen. Das macht es schwierig, die kulturellen Codes auf Begriffe wie »restriktiv« oder »modern« zu beschränken, wie es von Außenstehenden gerne getan wird. Genau genommen sind die Regeln gar keine Regeln. Sie sind Versuche, unbeschadet vom Makel der niedrigen sozialen Herkunftsklasse bei allem mitzuhalten.

Fleiß und Ehrgeiz aller gut geratenen Mädchen wurden permanent sichtbar gemacht und ausgestellt. Das Bedürfnis, uns öffentlich zu loben, entsprang dem tief empfundenen Schmerz über die eigenen unglücklich verlaufenen Bildungswege. Die Gründe dafür waren immer die fehlenden materiellen Möglichkeiten der eigenen Eltern, also meiner Großelterngeneration. Unser Erfolg wurde sichtbar über die unsichtbaren Wunden der Elterngeneration gelegt.

Beim Abschreiten des Weges in die Vergangenheit, auf der Suche nach Stationen, die markieren könnten, wann das eigene Geschlecht überhaupt eine als Identität wahrgenommene

Rolle zu spielen begann, erkenne ich, dass die Neugier auf Theorie größer war als die Neugier auf Selbsterfahrung. Manchmal lagen zwischen Kenntnis und Erfahrung Jahre oder sogar Jahrzehnte. Ich wurde in jeder Hinsicht spät reif. Was ich mit meinem Körper erlebte, hinterließ weniger Eindruck als das, was ich las. Die Lektüre von Henry Millers *Der Wendekreis des Krebses* löste wochenlange Nervosität aus. Weniger wegen dem, was da stand, sondern weil es da stand. Nächtelang wälzte ich mich mit der Frage hin und her, warum es ein solches Buch überhaupt gab. Lauter sexuelle Darstellungen in wahnsinnigen Kombinationen und Konstellationen. Fassungslosigkeit darüber, dass man so ein Buch in der Hand halten konnte. Dass es wie selbstverständlich zwischen den anderen Büchern in der Bücherei stand. Ohne Vorwarnung, ohne einen Hinweis darauf, ob der Autor das überhaupt *durfte*. Das Erlesen der Welt stürzte mich regelmäßig in gedankliche Krisen. Das eigene Erleben hingegen hatte kaum Auswirkung auf meine psychische Stabilität.

Auch was mir in dieser Zeit im Park widerfährt, vergesse ich bereits auf dem Heimweg wieder.

Vor dem Eiscafé bittet mich ein junger Mann, sicher schon weit über zwanzig, ich möge ihn ein paar Meter in den Stadtpark begleiten. Er habe etwas Wichtiges zu besprechen. Es gehe um sein Kind. Meine Eltern helfen in der Stadtverwaltung manchmal Asylbewerbern mit Übersetzungen aus. Vielleicht kennt der Mann meine Eltern daher. Es kommt öfter vor, dass ich in dieser Weise angesprochen werde, meistens soll ich zu Hause etwas ausrichten. Der Mann erscheint mir vertrauenswürdig. Wir laufen ein Stück durch den Park, er erzählt auf Englisch dies und das, ich wundere mich, dass er nicht endlich sein Problem anspricht. Mir dämmert erst langsam, dass er mit meinen Eltern gar nichts zu tun hat. Er bleibt stehen und fragt mich, ob wir uns hinter einen Busch setzen wollen. Ich sage, nein, wieso? Er fragt: *You wanna suck me?* Ich frage, was das bedeutet. Er nimmt den Zeigefinger meiner Hand und steckt ihn sich in den Mund. Mit meinem Finger in seinem Mund macht er mir etwas vor, das sehr langsamem Nuckeln und Saugen ähnelt. Dabei schaut er mir die ganze Zeit in die Augen. Ich finde die Situation seltsam. Mir erschließt sich das Vergnügen nicht, den Finger eines fremden Mannes in meinen Mund stecken und daran lutschen zu wollen. Wahrheitsgemäß antworte ich: *No, I don't want to do that*, und gehe nach Hause.

—

Es gibt dieses Spiel, bei dem sich ein kleines Kind mitten im Raum versteckt, die Augen zuhält und suchen lässt. Zwei Elterntypen unterscheiden sich dabei. Die einen machen mit und tun so, als würden sie lange und ausgiebig suchen. Sie schauen hinter die Gardinen und unter den Teppich, spielen das verkehrte Spiel manchmal so lange mit, bis das Kind langsam unruhig wird, sein Versteck für zu raffiniert hält und die Nerven verlierend verängstigt ruft: Hier bin ich!

Mein Vater war der andere Typ. Auch ich stand in der Mitte des Raumes und hielt mir die Augen zu. Er kam ins Zimmer, lief sofort auf mich zu und hob mich auf den Arm. Ich hätte ihn gefragt, so erzählte er mir später, ob es schwer für ihn gewesen sei, mich zu finden. Nein, antwortete er. Ich bin dein Vater. Ich sehe dich immer sofort.

Ein anderes Mal hätte ich, um es meinem Vater schwerer zu machen, seine Stiefel angezogen und mich so mitten im Raum mit zugehaltenen Augen versteckt. Ich war sozusagen verkleidet *und* versteckt. Wieder fand er mich sofort.

Ein drittes Mal hatte mein Vater ein Nikolauskostüm an und darunter seine Stiefel und wollte mir Süßigkeiten schenken (jemand hatte den Eltern von dieser Tradition erzählt). Ich hatte Angst vor dem Mann, wollte nicht zu ihm. Mein Vater schaute hinter dem Bart hervor und sagte: Ich bin es, dein Vater. Er zeigte mir seine Stiefel. Erkennst du sie nicht? Nein, rief ich. Du bist nicht mein Vater!

Später erzählte er mir, dass er sehr traurig gewesen war und sich von da an nie wieder verkleidete und den ganzen Weihnachtsmannverkleidungskram für riesengroßen Mist hielt.

Keine Sekunde meines Lebens zweifelte ich an der Liebe meines Vaters zu mir. Ich musste für diese Liebe nichts tun. Ich musste nichts beweisen. Ich musste ihn nicht stolz auf mich machen. Ich musste kein braves Mädchen sein, kein schönes Mädchen, kein fleißiges Mädchen. Seine Liebe überdauerte alle Konflikte, es gab kein stabileres Verhältnis als unseres. Es existierten keine Missverständnisse oder Fehldeutungen. Im Laufe des Lebens geschieht das manchmal, dass man den Eltern gegenüber so tut, als sei man jetzt weniger albern, sei erwachsener, sei alles in allem ein anderer Typ Mensch. Man verlässt das Haus als Kind, und wenn man sein eigenes Erwachsenwerden ernst nimmt, dann will man das Haus nicht wieder als Kind betreten, sondern als ebenbürtiges Mitglied in der Gemeinschaft der »Großen«. Ich aber konnte sein, wie ich war, groß oder klein, albern oder ernst, weder ließ sich mein Vater davon beeindrucken, noch ließ er sich enttäuschen. Ich probierte mich oft am Vater aus. Übte verschiedene Persönlichkeitstypen. Er aber erkannte hinter jeder Maskerade immer mich.

In semi-exzellentem Deutsch porträtierte er mich: *Meine Tohter sehr frech. Kanmanixmahen. Leida.*

Stimmt. Leida.

Machte ich einen Fehler, sagte er: Du machst einen Fehler. Gefiel ihm etwas, sagte er: Gefällt mir. Stritten wir uns, sagte er: Du bist schrecklich. War ich in Not und bat um Hilfe, sagte er: Einverstanden. (Brauchte er selbst Hilfe, fragte er: Was kann man machen?)

Ich sah im Vater nicht den Ehemann meiner Mutter, sondern den mit uns Kindern symbiotisch verflochtenen Vater. Ich war schon erwachsen, da fragte ich ihn, ob er nicht doch zunächst einmal ein Mann sei, dann ein Ehemann und ganz zum Schluss erst Vater. Die Frage erschreckte ihn. Das ist sehr traurig, was du sagst, sagte er. Ich bin ein Vater, es gibt nichts Wichtigeres als das. Und noch: Ich war nie wie andere Männer nur ein Mann. Ich bin nicht trinken und spielen gegangen. Nun war ich empört. Der normale Mann ist doch kein Trinker und Spieler, entgegnete ich ihm, misst du dich etwa an Säufern? Nein, so wollte er das nicht gemeint haben. Das Wertsystem des Vaters stand auf dem Fundament Vatersein. Er wollte das erklären, aber es gelang ihm nicht. Aus einer einfachen Frage wurde ein verzweifelter Streit. Du musst dich doch irgendwann einmal gefragt haben, was für ein Mann du sein willst, bedrängte ich ihn. Solche Fragen stellt nur ihr euch, sagte er. Das war sein As. Mit dem »euch« waren die Studierten und Gelehrten gemeint. Ich bin dein Vater, sagte er. Daran wollte er nicht gerüttelt haben.

Bist du ein guter Vater, frage ich ihn irgendwann einmal.

Das musst du mir sagen, antwortet er.

Ich sage, ich weiß es nicht, weißt du es?

Er sagt, ich weiß es auch nicht.

Da sitzen sie wieder. Zwei Sufis.

Einige meiner Cousinen hatten ein anderes Verhältnis zu ihren Vätern. Sie verbündeten sich mit ihren Müttern gegen die Väter. Ergriffen Partei im Ehestreit, positionierten sich in der weiblichen Mannschaft. Sie bestraften ihre Väter mit Aufmerksamkeitsentzug, wenn diese sich den Müttern gegenüber schlecht verhielten. Ich sah Onkel, die sich nach einem Streit nicht bei ihren Ehefrauen entschuldigten, sondern zunächst ihre Töchter um Verzeihung baten, um die »allgemeine Lage« auszukundschaften. Also herauszufinden, ob es schon so weit sei, ob sie sich schon in den Staub zu werfen hätten oder ob noch ein paar Tage ins Land ziehen mussten. Die Töchter gingen zu den Müttern, berieten sich, teilten dem Vater mit, dass man zur Versöhnung bereit sei. Oder auch nicht. Klassisches Dreiecksverhältnis.

Der westliche Gesellschaftsroman erzählt vom Buddenbrook-Patriarchen Johann, der die Familie lenkt. Von Madame Bovarys Liebhaber Rodolphe, der sie im entscheidenden Moment allein in ihrer Not lässt. Von Anna Karenina, deren Ehemann ihr die Scheidung verweigert. Immer sind es starke Männer, die das Leben der Frauen materiell, gesellschaftlich und sexuell bestimmen. Halten sie es für richtig, werden die Frauen bestraft und benachteiligt, oder aber ihnen wird vergeben, sie dürfen zurückkommen oder bleiben, werden nicht verstoßen. Ich kannte solche Männertypen aus meiner Familie nicht. Bei uns war alles genau umgekehrt. Es waren die Frauen, die lenkten, bestraften, verziehen oder verstießen. Ich beobachtete die Männer in meiner Umgebung sehr genau und glaubte viele Jahrzehnte lang, es handle sich um schwache Männer. Um Männer, die nicht durchgreifen könnten, die sich von ihren Ehefrauen und Töchtern auf der Nase herumtanzen ließen. Die Männer hatten in meinen Augen etwas Trottelhaftes. Wie sie uns liebkosten und umschwärmten, wie sie beim Sprechen Zuckerwasser aus Fontänen und Springbrunnen sprühten. Es war von allem zu viel, zu üppig.

Irgendein Verwandter rief beim Anblick von uns Mädchen immer etwas in dieser Art: *Oh mein Gott, da kommen sie, unsere Blumen, schaut, wie sie blühen und strahlen, eine jede mit glänzendem Haar, als hätte ihnen Gott persönlich flüssiges, schwarzes Gold über ihre Köpfe gegossen, dudeldi dudeldu …*

Keine Sekunde nahmen wir das ernst oder bildeten uns etwas darauf ein. Wir fanden es mit voranschreitendem Alter zunehmend peinlich. Schwarzes Gold. Einfach nur peinlich.

Mag sein, dass es sich bei den Männern in meiner Familie um besonders nachgiebige Männer handelte. Zumindest waren es liebende Männer.

Die Mutter sagt: Die Liebe macht aus einer starken Frau eine schwache Frau.

Der Vater sagt: Die Liebe macht aus einem schwachen Mann einen starken Mann.

—

Der Großvater väterlicherseits war ein geduldiger, humorvoller Mensch. Einer, der fünfe gerade sein lassen konnte, und das nicht einmal, nicht zweimal, immer. Ein feiner, leiser, alter Herr, der früh Witwer wurde. Viele Jahre lang ging er zuweilen zum Schlafen in das Haus meiner Großmutter mütterlicherseits, die ebenfalls Witwe war. Ein paar Mal in jedem Monat lief er aus dem Bergdorf ins Tal herunter, klopfte an ihre Tür, trank und aß mit ihr. Sie ließ ihm ein Lager zur Nacht richten. Er verehrte und bewunderte sie. Und sie mochte es, verehrt und bewundert zu werden.

Als die Nachricht des verstorbenen Großvaters uns erreicht, sackt unser Vater zusammen. In der Fabrik, es ist die Mitte der neunziger Jahre, gibt man ihm keinen Urlaub, um seinen toten Vater zu beerdigen. Davon erholt er sich nicht mehr. Die Trauer des Vaters ist leise und tränenreich. Wir gehen ins Bett, er weint, wir wachen am Morgen auf, er weint. *Meine Papa tot*, stammelt er, als wir ihn bitten, nicht mehr zu weinen, weil wir das nicht aushalten können. Er will, aber er kann sich nicht zusammenreißen. Er besteht auf die Sitte, die

Trauerzeit einzuhalten. Vierzig Tage lang kein Radio, keine laute Musik, kein Fernsehen, kein lautes Gelächter, kein Schwatzen. Er möchte in Ruhe Abschied nehmen. Die Trauer des Vaters ist so eindrucksvoll, dass sogar die Mutter auf ihr ansonsten unverzichtbares Make-up und den Friseurbesuch verzichtet. Trauerzeit ist minimalistisches Leben. Der Alltag wird auf das Nötigste reduziert, um sich vorsichtig an die Lücke heranzutasten, die der Tote hinterlässt. Ein Vater weint um seinen Vater. Vollste Konzentration und Kontemplation. Nach vierzig Tagen lässt sich der Vater, der nun Vollwaise ist, von seinen Kindern an die Hand nehmen und in das italienische Eiscafé ausführen, wo er sich seinen geliebten *Cappüschüschü* bestellt. Den Rest macht er mit sich selbst aus.

Die Großmutter mütterlicherseits: eine unglaubliche Figur. Rauchte seltsames Zeug. Driftete ab, flog durch die Räume. Zwei lange geflochtene dünne Zöpfe bis zum Po. Ein weißes, hauchzartes Tuch auf dem Kopf, eine dunkle Perlenkette um den Hals. Sie lief nicht. Sie schwebte mit den schmalen Fußspitzen gerade eben den Boden berührend geräuschlos durch die Zimmer, die Enden des Tuches umflatterten ihr Gesicht. Sie konnte außergewöhnlich gut auf Kurdisch beleidigen. Ihr ätherisches Wesen in Kombination mit ihren massiven Flüchen wird als Kulturgut in den mesopotamischen Tälern rechts und links des Euphrat bewahrt. Sie konnte durch die Kraft der Sprache ganze Sippschaften entehren. Manchmal rasteten die Tanten aus, wenn die Großmutter ihre Tiraden abfeuerte, wenn sie ganze Straßenzüge mit ihrem Mundwerk vernichtete und man sich deshalb nirgends mehr blicken lassen konnte. Wie sie die bedeutungslose Bemerkung eines Dritten in Verwünschungen verwandelte! Wie eine Extremkletterin schraubte sie sich in schwindelerregende Höhen bis zum Gipfel der Verunglimpfung hoch, dorthin, wo Beleidigung auf Diffamierung traf und die saftigen Herabwürdigungen in tausend Metaphern explodierend als Rufmord, Affront und Demütigung auf dem Boden zerschellten! Wie ihre Zuhörer vor Schreck erstarrten! Ihre Zunge war ein Jagdbomber, wenn sie fertig war, lagen auf dem Boden abgefallene Ohren ihrer sich im Schockzustand befindenden Zuhörerschaft. Das war nicht einfach nur Schimpfen. Das war ein Kunstwerk.

Später, erst viel später, wurde ihr rhetorisches Talent, quasi zur Säuberung des verbalen Tatorts, zur Aufarbeitung im Rahmen einer feierlichen Gedenkzeremonie in der Familienrunde noch einmal unter schallendem Gelächter zitiert. Da lag sie schon längst im Bett, dösig geraucht von ihren seltsamen Tabakkräutern. Im Stil der osmanischen Salons wurden die Beschimpfungen der *nene* im Duktus altarabischer Lyrik deklamiert. Einmal sagte eine Tante, dass sie verstehen könne, wenn eines Tages jemand käme und sagte: Wir knallen jetzt einen von euch ab, eure Mutter hat uns mit ihrem Mundwerk die Eier abgebissen. Ein klassischer Ehrenmord! Zermürbt unter Lachsalven stammelte meine Tante: Ich würde die Hände freiwillig heben und sagen – Abi, drück ab, wir haben es verdient!

Die Großmutter hatte nur ein Auge. Ihre zweite Augenhöhle war leer, die beiden Lider lagen wie bei einem durchgegarten Tortelloni ohne Füllung weich zusammengefaltet aufeinander. Das Gesicht zur Seite geneigt, sah sie mit dem vorhandenen Auge die halbierte Welt. Ich weiß, wie das ist. Wenn die Augen nur Ausschnitte mitteilen. Ich kann ihre fehlende Diplomatie, die Einseitigkeit ihrer harten Urteile gut nachvollziehen. Wenn im Menschen etwas zweifach angelegt ist, das nur einfach funktioniert, hat man Schlagseite, das ist nun einmal so.

Wir kannten keine andere Frau, die ihre Enkel so parteiisch vergötterte wie diese Großmutter. So eine radikale Oma zu haben, war natürlich der Himmel auf Erden.

Als ich als Kind im Dorf des Onkels lebte, holte mich meine Tante manchmal in die Stadt, ins Haus der Großmutter, wo die beiden gemeinsam unter einem Dach wohnten. Ich wurde von der Großmutter gewaschen und in saubere Sachen gekleidet. Dann briet sie mir auf einem mobilen Gaskocher die Eier. (Eier bei über 40 Grad Hitze und einem Kühlschrank mit ständig unterbrochener Stromversorgung.) In die Eier verquirlte sie Tomaten, vorher briet sie in der Pfanne grüne Spitzpaprika an und was ihr kleiner Garten ansonsten gerade hergab. Wenn meine Tante abends von ihrer Arbeit nach Hause kam, rief sie völlig entgeistert: Du hast ihr Eier gebraten?

Ich, die ich jahrelang keinen Bissen herunterbekam, hatte alles aufgegessen und getrunken und bei mir behalten. Das Brot, die buttertriefenden Tomateneier, mehrere Gläser dünnen schwarzen Tee. Ich lag zufrieden auf dem Divan und hatte Großmutters Pflege bestens überlebt. Nur ihr gelang es, dass ich etwas zunahm. Nach einigen Tagen durfte ich wieder hoch auf den Berg, ins Dorf zu den anderen. Vorher aber nahm mich die Tante immer zur Seite: *Sind sie gut zu dir? Habt ihr genug zu essen? Hast du immer noch nicht geblutet?*

Der Tod der Großmutter ist ein Gesellschaftsereignis. Ein Megaevent, bei dem es auch um Außenwirkung geht. Wer Kinder im Ausland hat, der kann nicht schlicht begraben werden. Die Mutter ist trotz Trauer im Organisationsmodus. Packt Koffer, telefoniert, organisiert die Reise von Deutschland in die Türkei. Das Begräbnis erfordert ein Protokoll, das dem im Kensington Palast sicher in nichts nachsteht. Aus dem In- und Ausland reist die weitverzweigte Familie an. Das Familienoberhaupt ist tot, jedes Detail muss stimmen. Tiere werden geschlachtet, Armenspeisungen im Heimatdorf und in Istanbul koordiniert. Die Trauer ist öffentlich, das Ereignis wird in Gemeinschaft zelebriert. Man ist traurig. Alle sind traurig. Aber man erholt sich schnell. Die Großmutter war eine Patriarchin. Und wie das bei solchen Figuren so ist: Wenn sie weg sind, weht eine Ahnung von Freiheit über den Verlust hinweg.

Die Trauer der Mutter um ihre tote Mutter war ein Staatsakt. Die Trauer des Vaters über seinen toten Vater blieb privat.

—

Ich habe Angst, ins Neue aufzubrechen. Ich bin die Erste, die auf die Universität geht. Nicht die erste meiner Generation, nicht die erste väterlicherseits oder mütterlicherseits, sondern die erste seit dem ersten Baum, den meine Familie vor sieben Generationen auf einem der sieben Hügel mit Blick auf schneebedeckte Gletscher am Muratfluss pflanzte. »Bist du die Erste?«, wurde ich immer gefragt, wo auch immer ich war. Ja, ich bin die Erste. »Du bist die Erste!« Jawohl, die bin ich, die Erste.

So eine Erste bin ich.

Die Eltern bekamen es – berechtigterweise – mit der akuten Angst zu tun, alleine zurückgelassen zu werden. Ihr Klammern auf den letzten Metern engte mich ein, wurde mir zur Last. Wie sollte ich studieren, etwas aus mir machen, wenn ich an einem unsichtbaren Seil hing, an dem die verzweifelten Eltern nicht aufhörten zu ziehen? Der Anfang, der eigentlich ein fröhlicher Aufbruch sein sollte, war düster.

Ich wählte einen Ort weit weg von meinem Elternhaus, um zu verhindern, dass Regelmäßigkeit in den Besuchsturnus einkehrte. Die Eltern empört, aber machtlos. Der Vater fuhr mich in das Studentenwohnheim, viele hundert Kilometer von zu Hause entfernt. Er hatte lange vorher aufgehört, mich zu erziehen. Während der Fahrt sagt er: Was ich weiß, habe ich dir beigebracht.

Ich war in seinen Augen bereits ein fertiger Mensch. Er half mir in die Jacke, hielt mir die Tür auf. Zum Abschied umarmt er mich lange. Und schluchzt. *Alles Glück dieser Welt habe ich durch dich erfahren.*

Sie hatten nicht damit gerechnet, dass es mir vermeintlich (das ist wirklich nur ihre Perspektive) so leichtfallen würde zu gehen. Je mehr die Mutter drohte und weinte, je mehr der Vater am Telefon bat, wenigstens vage ein Wochenende zu nennen, an dem ich zu Besuch kommen könne, desto mehr verschloss ich mich. Ich spürte die drohende Sackgasse und eine diabolische Lust auf Eskalation. Dass ihre Erwartungen, die wie Aufgaben auf mir lasteten, und die kühle Distanz, die ich irgendwie zu schaffen in der Lage war, einander bedingten, sieht man nur, wenn man sich außerhalb der Konstellation befindet. Der Traum bestand darin, die Armut zu verlassen, aber es war der Traum der Eltern. Nicht der eigene. Und wenn man sich schon auf den Weg macht, es ihnen zu erfüllen, dann will man nicht noch ihre Weinerlichkeit aufgebürdet bekommen.

Das nicht mehr ganz glückliche, vom Leben ausgelaugte Ehepaar zu verlassen, »dieses Mistleben«, wie es der Bruder nannte, war eine beschwerliche Mühsal. Ein Mistleben, das vergessen die Aufstiegsexperten in ihren Gesellschaftsanalysen, ist eben immer auch ein vertrautes Mistleben. Zum Schluss wollte ich da nur noch raus. Nicht aus den Verhältnissen, sondern aus den Erwartungen. Alles war schief. Wir waren als Familie wie ein Tisch mit drei Beinen. Es gab etwas zu bewältigen, für das wir kein Werkzeug hatten. Sein Kind gehen zu lassen, in etwas, das man nicht kennt, kann Verwüstung und Haltlosigkeit auslösen. Bei uns war das so.

Es macht wütend, dass es Menschen gab, die meinten, darüber Auskunft geben zu können, wie Eltern sich zu fühlen haben. Die ihnen von oben herab Vorträge über das Elternsein hielten. Über Kultur und Anpassung, über Worte, mit denen wir nichts anfangen konnten, weil es um etwas Existentielles ging. Was konnte dieses Leben meinen Eltern noch geben, nachdem sie das große Ziel ihrer Auswanderung erreicht hatten? Sie hatten ein schwaches, ständig die Unterernährung knapp überlebendes Mädchen zu einer heranwachsenden Frau erzogen, die (wie gesagt, es war nur Schein) leichten Herzens ging und eine Welt hinter sich ließ, die für die Eltern in Anbetracht des Abschieds innerhalb einer Sekunde an Wert verlor. Das Badezimmer mit dem weißen Teppich, auf dem ein zweiter Teppich lag, damit das schöne Weiß erhalten blieb. Die großen Einbauwandschränke im Flur, vollgestopft mit Ersatzwaren: Ersatzlaken, Ersatzgardinen, Ersatztischtücher, alles neu und ungebraucht. Der Keller mit den eingelegten Kirschen, Pflaumen, Gurken und dem Weißkohl, wie Wein nach Jahrgängen sortiert. Angesichts eines Essers weniger am Tisch wurde der sorgfältig gehütete Besitz zu peinlichem Krempel degradiert. Der Bruder antwortete unwillig, als ich ihn am Telefon fragte, ob es sehr schlimm sei. Sie sind wie Amputierte, sagte er. Phantomschmerz verdüstert ihnen das Gemüt. »Ich habe es hier mit verwaisten Krüppeln zu tun.«

Der Vater schreibt die ersten Briefe. Er schreibt auf kleine Zettel, die vom Notizblock neben dem Telefon stammen, ich erkenne sie sofort. Die Briefe bestehen immer nur aus einem Satz.

Ich vermisse dich. Dein Vater.

Warum bist du so hart? Dein Vater.

Mein Kampf vollzieht sich an einer anderen Front. Ich habe große Mühe, den Seminaren zu folgen. Und ahne, dass ich in den Geisteswissenschaften falsch bin. Philosophie und Literaturgeschichte haben nichts mit meinen Lektüreerfahrungen zu tun. Das Lesen der Bücher aus der Stadtbibliothek war ein Vergnügen. Das Lesen der Seminarliteratur ist eine Qual. Ich hätte jemanden gebraucht, der mich betreut und mir die Sätze erklärt, die ich las. Ich war mit Sufismus aufgewachsen, mit altorientalischer Dichtung, mit politischen Theorien, mit einer Kultur, verwoben mit Elementen, die nicht einmal als Schatten in den Fächern vorkamen, die ich studierte. Plötzlich war ich umgeben von Studenten, die immer alles bereits kennen. Sie sind gebildete Kinder gebildeter Eltern. Selbst wenn sie bestimmte Werke nicht gelesen haben, so haben sie doch immerhin davon gehört. Sie können nichts dafür, dass ich nichts im Gepäck habe. Woher kennst du das, wann hast du das gelesen, keine andere Frage stelle ich so oft wie diese. Meine Mutter ist Bibliothekarin, antworten sie dann. Oder, mein Onkel ist Philologe, der hat mir viel erzählt. Wieder ein anderer berichtet, dass ihm der Vater abends Sagen aus dem Altertum vorgelesen hatte, griechische Mythengeschichten. Ich begegne ausnahmslos freundlichen und zugewandten Menschen, aber ich kenne ihre Vokabeln nicht. Ich kann der Seminarsprache nicht folgen. Meine Deutschkenntnisse reichen aus, ein Buch zu lesen, mich zu unterhalten, einem Gymnasial-Leistungskurs auf mittlerem Niveau zu folgen. Hier aber habe ich Konzentrationsschwierigkeiten. Weder gelingt es mir, die Seminarsprache semantisch noch ihrem ungefähren Sinn nach zu erfassen. Jede Vorlesung zieht sich endlos hin. Anschließend gehe ich nach Hause und schleppe mich ins Bett. Oft kann ich nichts anderes mehr tun, als zu schlafen.

Mit der gewonnenen Freiheit ist nichts anzufangen. Ich gebe mich meinem Fremdheitsgefühl hin. Bin zu entmutigt, um Kampfeslust zu entwickeln. Aus Angst, mich zu verlaufen, ist mein Radius sehr klein. Im Studentenwohnheim heftet sich ein Franzose an meine Fersen. *Guck misch nisch, sonst küss isch disch*, sagt er. Ein Ausflug ins Elsass. Genau wie ich mag er elegante Picknicks. Im Cabriolet fährt mich der angehende Banker von Ort zu Ort. Sein Vater aus Paris hat ihm den Geldhahn abgedreht, damit er sein Studium endlich beendet. Er sei jetzt gezwungen, von seinen »Ersparnissen« zu leben. Damit meint er das großzügige Erbe seiner Großeltern. Mein Vater hat mir 150 Mark geschickt, mit der Bitte, damit eine Weile auszukommen. Zwei Ausländer, zwei verschiedene Leben. Ein Kuss. Vielleicht zwei. Ich bin nicht reif genug für mehr. Habe immer noch große Angst, berührt zu werden. Er schenkt mir ein Buch von Milan Kundera, sagt zum Abschied *Isch warte disch immer* und fährt im Cabriolet zurück in sein Land. *Mély Mélaux, je t'aime, Arnaud*, steht vorne in Kunderas Buch.

Irgendwann hatte ich den Dreh raus. Je mehr Abstand ich nach Hause hielt, desto freier konnte ich atmen. Durch den Eintritt in die neue Dimension werden die häuslichen Rituale und familiären Traditionen kritischer betrachtet. Was eben noch selbstverständliche elterliche Umgebung gewesen war, sah durch die Brille der Distanz unangemessen aus. Unzeitgemäß. Gleichzeitig übte das Neue, in das ich eintrat, keinen Reiz auf mich aus. Ich hatte das Gefühl, dass ich es nicht schaffen würde. Dass ich mich nicht schaffte. Für das Alte war ich zu klug und reflektiert, für das Neue zu ungeübt und, ja, auch zu blöd. Die alte Tür hatte ich geschlossen, die neue blieb mir verschlossen. Dazwischen steckte ich. Gefangen in Freiheit.

Ich lebe allein. Esse allein. Gehe allein zur Uni. Ich bin jetzt die Frauen in den kostenlosen Möbelprospekten, eine Gestalt in einer modernen Umgebung, mit Rock und Beinen und ohne Kopf.

Man kann Verlorenheit nur ungenügend beschreiben. In gewisser Weise ist jeder Mensch verloren, ein Zustand, für den es keine objektiven Maßeinheiten gibt. Ich zweifelte nicht an der Richtigkeit meines Handelns. Trotzdem fühlte sich alles schlecht an. Die Blutungen fallen aus.

Hin und wieder kommt der Vater zu Besuch und merkt, wie wenig willkommen er ist. Er versucht, das penetrante Verhalten der Mutter zu erklären. Ihre Schuldzuweisungen, ihre Drohungen. Versteh sie doch bitte. In der Vorstellung ist es schön, ein Mädchen großzuziehen und zum Studieren zu schicken, aber in der Realität ist es schwer. Auch sich selbst versucht er zu erklären: Jeden Tag wünsche ich mir, dass ich vor dir aufwache, dein Frühstück mache und dich dann wecke. So wie früher.

Mein Leben ist leer ohne dich.

Der Vater stellt seine Besuche endgültig ein.

Du hast es gut, du bist allein und sorglos, wirft mir die Mutter am Telefon vorwurfsvoll an den Kopf. Du hast dein ganzes Leben vor dir. Wir haben nichts.

Was strebst du an?

Bist du noch auf dem richtigen Weg?

Arbeitest du im Puff?

Meine Cousine ruft an. Mir wird sofort klar, dass man sie wie eine Agentin auf mich angesetzt hat. Sie beginnt unverfänglich, wie geht's, wie steht's, tastet sich langsam an ihren Auftrag heran. Hör zu, alle machen sich Sorgen. Was ist los mit dir? Ich weiß es nicht. Ich glaube, ich muss weg. Wohin, sagt sie, du bist doch weit weg, allein, in einer anderen Stadt. Ja, aber ich muss noch weiter gehen, an einen anderen Ort. Und was erwartet dich dort, fragt sie. Meine Menschwerdung, antworte ich. Sie sagt, spinnst du? Bist du ein Affe oder was? Musst du lernen, aufrecht zu gehen? Mein Gott, dass du immer so übertreiben musst! Du weißt schon, dass du neuerdings nur Scheiße redest? Hast du dich verknallt oder was?

Dann lacht sie laut auf: Oh Mann, jetzt verstehe ich!

Dann Pause.

Und auf einmal schreit sie wie verrückt: HAST DU ES ETWA SCHON GETAN??

—

Fachwechsel, Universitätswechsel, Stadtwechsel.

Ich ziehe vom tiefsten Westen in den tiefsten Osten. In der Wohnungsvermittlung der Universität sagen sie mir, dass ich einen guten Eindruck machen würde, aber Ausländer ließen sich schlecht vermitteln. Ich bin kein Ausländer. Ich bin eine alleinstehende junge Frau in der deutschen Fremde. Die Vermieter hätten angeblich schlechte Erfahrungen gemacht. Die Mauer ist gerade erst gefallen, ich frage mich, was das für Erfahrungen sein können. Die Universitätsangestellte holt den Ordner mit den Wohnungsangeboten heraus. Ganz dick steht auf fast jeder Seite: »Keine Ausländer«.

Im Telekomladen am Universitätsplatz rufe ich meine Cousine an und frage, wie die Leute heißen, die Wohnungen vermitteln. Sie sagt, du musst unter »M« suchen. Sie heißen Makler. Ich schaue nach und entscheide mich für jemanden, der eine Blume als Nachnamen trägt. Er lädt mich in sein Büro und anschließend in sein Gästezimmer ein. Zuvor ruft er seine Frau an und sagt: Ich bringe einen Gast mit. Ich erkläre dir später alles. Nach zwei Wochen ziehen wir gemeinsam aus. Ich in ein schönes Zimmer in einer Wohngemeinschaft und er in eine neue Wohnung. Irgendwann steht er vor meiner Tür und fragt: Merkst du eigentlich gar nichts? Nein, natürlich merke ich nichts. Ich lebe derart in Trance, dass ich keine Antenne für einen verliebten Mann habe, der vor meinen Augen seine Frau verlassen hat. Ein vierzigjähriger Mann steht vor meiner Tür und sagt: Ich will dich.

Was tun mit so jemandem? Der nicht weiß, dass da, wo man herkommt, die Erziehung einen »mit diesen Dingen« alleine lässt. Wo es keine selbstverständlichen Frauenarztbesuche mit der Mutter gab. Keine Antibabypille als Präventivmaßnahme. Wo der Vater – so geschah es meiner Freundin – seiner Tochter Präservative anbot, weil sie auf Klassenfahrt geht. (Mein Vater bot mir an, mit meiner Mutter mitzureisen und sich im Nachbardorf einzuquartieren.)

Das Zu-spät-dran-Sein ist wie ein Schönheitsfehler. Es fehlt jemand, der aus dem gleichen Stall kommt, alles vor mir erlebte und zu berichten weiß. Was sagen zu jemandem, den man anziehend findet? Der aber misstrauisch wird, weil man schnell wieder wegläuft? Der sich sicherlich fragt, warum man immer nur ein klein wenig mehr zulässt als beim letzten Mal. Dem man stur in der Senkrechten begegnet und dabei einen merkwürdigen Tanz aufführt. Einen Tanz, bei dem einer der beiden Partner sich Richtung Bett schiebt und die andere sich rückwärts in Richtung Ausgang zu knutschen versucht. Ein Tanz, bei dem man stundenlang auf der Stelle tänzelt.

Großes Kopfzerbrechen. Ob man dem Ersten sagen muss, dass er der Erste ist? Etwas noch nicht getan zu haben ist wie ein Geheimnis, das langsam zum Makel wird. Der andere ist zwei Jahrzehnte älter, wird er darüber erschrocken sein? Sich vor mir ekeln?

Wochen später, vielleicht weil der andere seine Versuche einstellt, entscheidet es sich auf einmal ganz leicht. Spontanes Bedürfnis nach einem Wagnis. Schüchterne Frage, willst du mich noch? Die Augen fallen ihm fast aus dem Kopf. Dann muss er so sehr lachen, dass er sich am Stuhl festhalten muss. Nein, sagt er, ich bin bloß immer wieder hier – Prusten, Hecheln, Luftholen –, weil ich mit dir über die marode Bausubstanz der Vorwendearchitektur sprechen will. Dann Umarmung.

Das Zimmer hat keine Lampe, dafür einen Kohleofen, der viel zu schnell viel zu heiß wird. Außer einer Matratze, einem Kissen und einer Bettdecke befindet sich nichts in meinem Zimmer mit den hohen Decken und der alten Holztür. Nur, ach ja, die Teelichter. Die hat der Makler mit der Blume im Namen bei einem seiner Besuche mitgebracht und zwei oder drei davon im Raum verteilt. Als ich aus dem Bad kam und es sah, war ich erleichtert darüber, dass hier einer das gleiche Verständnis davon hatte, was gerade noch als Lichtquelle gelten konnte und wo die Grenze zur Inszenierung des Beischlafs mit den Mitteln alberner Überilluminierung begann.

Das Licht der wenigen Kerzen wirft Schatten an die nächtliche Wand. Sein Körper liegt auf mir, schwer und gleichzeitig erregend. Ich trage ein Nachthemd, natürlich. Ich bin ungeübt im Zeigen und mich Anguckenlassen. Ich ahne, dass es einen Weg gibt, den man nur herausfindet, wenn man ihn geht. Ich habe große Lust darauf. Außerdem den festen Vorsatz, es ihm endlich zu gestehen. Obwohl auch die Chance besteht, dass durch die schwache Beleuchtung auf dem Laken alle Geheimnisse unbemerkt bleiben könnten.

Ich muss ihm jetzt dringend etwas sagen, bin vor Aufregung ganz heiser. Will in sein Ohr rufen, *Ich brenne*, aber es kommt nur ein Flüstern heraus. Er streichelt mein Haar, flüstert zurück: *Ich brenne auch. Nein, nein!,* meine Stimme ist zurück, ich schreie fast, *Wir brennen!* Die Bettdecke hat sich an einem Teelicht entzündet, von den Füßen aufwärts schlängeln sich die Flammen über unsere Körper hoch. Innerhalb von Sekunden fängt das Bett Feuer.

—

Die neue Stadt verbreitet Hoffnung. Neben dem Studium gehe ich arbeiten. Die Finanzen immer penibel im Blick. Wichtiger als die Lehrbücher ist der kleine Ordner mit den Kontoauszügen. Ich arbeite als studentische Hilfskraft mit Werkverträgen. In Produktionsfirmen, in Agenturen, bei Fernsehsendern. Immer habe ich mehrere Arbeitsverhältnisse parallel. Lerne schnell Leute kennen und gerate dadurch in neue Beschäftigungen. Ich verkaufe Ostimmobilien an Westdeutsche. Arbeite tageweise für einen Manager, der wegen Alkoholkonsums seine Fahrerlaubnis verloren hat, chauffiere ihn in seiner Limousine quer durch Deutschland. Die Augen sind schlechter geworden. Ich erkläre es mir mit meinen Lebensumständen. Einmal muss ich ihn innerhalb von drei Tagen zu einer Besprechung nach Brüssel, von dort weiter nach Paris und wieder zurück chauffieren. Dem Neuwagen fehlen nach der Tour Felgen, Außenspiegel, Vorderlichter. Der Auftraggeber trägt es mit Fassung und hält an seiner Fahrerin fest. Humor und Großzügigkeit spielen ebenfalls eine Rolle. Seine Managerkollegen haben alle alles gleich, eine halbblinde Chauffeurin aber hat außer ihm niemand.

In der Zeitungsredaktion überredet mich die Ressortleiterin, es unbedingt mit der Schreibschule der Universität zu versuchen. Es sei nicht leicht, einen Studienplatz zu bekommen, aber möglich. Wenn ich erneut das Fach wechsle, bringen die mich zu Hause um, sage ich ihr. Versuch es unbedingt, bestärkt sie mich. Die Zeitung ist nichts für dich. Du musst anders schreiben. Hier kannst du das nicht. Ich überlege hin und her, informiere mich. Je mehr ich über den Studiengang erfahre, desto klarer weiß ich, dass das mein Platz ist. Ich habe keine Ahnung, was das ist, Prosa, Dramatik, Drehbuch, was genau eine Kunsthochschule ist, aber ich will da hin. Ich will da unbedingt hin. Ich will lernen, wie man schreibt. Ich weiß, ich muss meinen Vater auf meine Seite bringen. Ich rufe ihn an und sage: Na, hast du mich schon vergessen? Magst du mich nicht mal besuchen?

Der Vater kann sein Glück kaum fassen.

Vor seiner Ankunft kaufe ich mir rote Stiefeletten aus weichem Kalbsleder für 300 Mark. Genauso viel wie die Monatsmiete. Ich muss zweimal in den Laden, beim ersten Mal traute ich mich nicht. Als mein Vater mich in den roten Schuhen sieht, fragt er, was sie gekostet haben. Es ist nett gemeint, anerkennend. Die Tochter darf sich schön kleiden, das ist überhaupt kein Problem. Ich sage, 80 Mark. Der Vater zischt anerkennend durch die Zähne, so viel? Und: Versuch, gut zu leben. Denk immer an das Grillhähnchen!

Er meint die in allen Gastarbeiterfamilien berühmte Geschichte über den Mann, der jahrelang jeden Groschen in die alte Heimat zu seiner Familie schickte. Auf dem Weg von der Fabrik in sein Wohnheim kam er immer an einem Grillhähnchenstand vorbei. Jeden Tag nahm er sich vor, eines zu essen. Nie tat er es. Er knauserte an sich. Und wurde damit zum Gespött aller anderen Gastarbeiter. Kam man nach Mönchengladbach, erzählte man sich von ihm, ebenso wie in Gelsenkirchen, Bielefeld, überall, jeder kennt seine Geschichte. Eines Tages verabschiedete sich der Mann von seinen Kollegen mit den Worten: »Heute kaufe ich mir eins!« Auf dem Weg zum Grillhähnchenstand fiel er tot um.

Als ich dem Vater von der Schriftstellerschule erzähle, will er auf der Stelle, dass ich das mache. Du gehörst da hin, sagt er. Und die Mutter, frage ich ängstlich, was machen wir mit ihr? Es geht um dein Leben, sagt er, nicht um ihres.

—

Der brennende Liebhaber hat es mit einer schweigsamen Liebe zu tun, die, so viel lasse ich mir entlocken, ihr Elternhaus erst kürzlich verließ. Nach dem Brand kümmert er sich um alles. Er streicht die Wände neu, schraubt eine Lampe an die Decke. Bringt eine Luftmatratze, Bettzeug, Laken mit, verändert den Charakter des kargen Zimmers. Später ersetzt er die Provisorien durch einen dicken Teppich und ein richtiges Bett. Du bekommst sonst eine Blasenentzündung, rechtfertigt er sich.

Auch er leidet unter einem schlechten Gewissen, weil er jemanden zurückließ. Um uns einen Neuanfang zu ermöglichen, hat er seine langjährige Freundin endgültig verlassen. Sie planten ein Kind, Familienurlaube, das Übliche. Auch er ist manchmal still. Du wirkst traurig, wagt er sich vorsichtig heran. Hätte man ein geeignetes Repertoire an Worten, wäre die Antwort leicht. Aber so? Ich geniere mich. Geniere mich für meine Herkunft, für meine Familie, für meinen Körper, für mein Unvermögen, meine Ängste, für die fehlenden Worte, die Leere, meine Begierde, für einfach alles. In meinem Schweigen verbirgt sich Tumult.

Es ist keine rasende Liebe. Es ist eine tröstende Liebe.

In den Nächten lässt mich der Makler allein. Der Feuerabend liegt eine Weile zurück. Ein bruchloses Anknüpfen an die Liebesnacht scheitert an mir. Oft bin ich mir unsicher. Handelt es sich hier um einen erneuten Anlauf, oder ist es schon der Beginn eines Abschieds? An manchen Abenden führt er mich zum Essen aus oder wir gehen spazieren. Wir bereiten uns gegenseitig die Gerichte unserer elterlichen Küchen zu. Meine sind würzig, seine schmecken sehr süß. Ich gehe nie zu ihm nach Hause. Es hat keinen besonderen Grund.

Ich will und will doch nicht. Der Körper des Mannes, seine Kraft und seine Größe, erscheinen mir begehrenswert, aber auch gefährlich. Oft wünsche ich mir, dass er einfach zugreift, mich überredet, mir damit »über die Schwelle« hilft, mich »dahin« schubst. Er tut das Gegenteil, nämlich nichts.

Nach einem Abendessen fasse ich mir ein Herz. Ich beginne umständlich: *Ich bin nicht gut im Schnellsein und Alles-sofort-Können. Ich will. Aber ich weiß nicht, wie man anfängt.*

Einige Tage nach dieser Einladung bittet er mich um eine Verabredung: *Darf ich am Wochenende bei dir übernachten*?

Als ich ihm die Tür öffne – ich habe fest mit so etwas gerechnet –, trägt er einen Feuerwehrhelm auf dem Kopf. Und hat einen Kasten Wasser dabei. Nach dem gemeinsamen Essen bleiben wir lange sitzen. Wir sprechen über alles Mögliche, aber nicht *darüber.* Vielleicht ahnt er, dass mein Entschluss fragil ist. Es ist schön so. Mit einem Mann zu Abend essen. Sitzenbleiben. Etwas Stille zulassen.

Vieles unterzog ich in meiner Jugend einer gedanklichen Generalprobe. Mein ganzes bevorstehendes Leben malte ich mir aus; die Arbeit, das Büro, die Dinge, die ich besitzen würde. Bücher, Möbel, Zeitschriftenabonnements. Die erste Nacht mit einem Mann aber kam in der Phantasie nicht vor. Die erste Nacht, die genau genommen noch ein früher Abend ist, weil wir uns für den Nachmittag verabredet hatten. Es gab dieses Bild in dem Bilderbuch aus der Bücherei, auf dem das Paar nackt ist. Aber kein Bild, das den Weg dahin beschrieb. Kein einziges Mal hatte ich mir die Nacktheit eines Mannes auf meiner vorgestellt. Nacktsein ist die größte Hürde.

Das erste Mal, daran denkt man gar nicht, wenn man daran denkt, besteht aus vielen ersten Malen. Er nahm meine Hand. Gemeinsam spazierte er mit meiner Hand in seiner über meinen Körper. Und seinen. Die Art des Anderen dabei kennenlernen. Wie er schaut, wie er spricht. Wie es sich anfühlt, wenn man zwischen den Beinen zerfließt. Kurz vor *diesem* ersten Mal, das alle meinen, wenn sie es meinen, möchte ich ihm das Geständnis – ich hatte es nicht vorsätzlich aufgeschoben, sondern zwischendurch vergessen – endlich machen, da kommt er mir zuvor: *Ich weiß es schon.*

Währenddessen, man hat ja doch hier und da horrende Beschreibungen und groteske Überbietungen von entsetzlichem Leiden aufgeschnappt, ermutigt er mich über Momente meiner Schüchternheit immer wieder hinweg: *Vergiss alles, was du darüber gehört hast.*

Das eigentlich Erste am ersten Mal war die Entdeckung, dass es ein erotisches Ich gibt, das in der Intimität zum Vorschein kommt. Die gesprochenen und unausgesprochenen Zärtlichkeiten. Die Art, wie man ist.

Das Schönste war die Zeit. Er ging großzügig damit um. Er wartete, bis ich alles wollte. Und, natürlich, ungläubiges Staunen darüber, dass ein erwachsener Mann so eine Freude daran hat – nur wegen mir. Und dann ich. Es überraschte mich mühelos. Ich war fast erschrocken. Danach habe ich geweint. Das ist, tröstete er, weil du dich entspannst. Und tatsächlich, ich schlief ein.

Am nächsten Morgen die Fahrt mit der Straßenbahn in die Stadt, der unbedingte Wille, kein Detail der Nacht zu vergessen. Die Nacht soll mit allen Bewegungen und Worten für immer bleiben.

Ich begann, mich für ihn zu interessieren.

Gegenseitiges Erzählen aus dem Leben. Das Reden gelang leichter als vorher. Vorsichtiges Formulieren von Zukunftswünschen. Er will eine Familie gründen. Aber ich kann das nicht. Was hier in zwei Sätzen beschrieben wird, ist in Wirklichkeit eine Kette von Missverständnissen und Umschreibungen. Wortwulst auf beiden Seiten. Die unerhörte Sehnsucht nach einer großen Familie ist dem Mann mindestens so peinlich wie mir meine unbedingte Ablehnung. Wie kann man den neu gewonnenen Liebestaumel in etwas so profanes wie »familiäre Bahnen« lenken wollen.

Man hat doch schon alles. Warum braucht es mehr? Wozu?

Ich war damit beschäftigt, den Aufruhr, den jede weitere Nacht mit ihm in mir auslöste, in Gedanken zu befrieden. Konnte nicht verstehen, wie er mitten auf dem Gipfel der Begierde bereits das nächste Ziel ersehnte. Er wiederum bedauert, dass seine Lust auf mich nicht das unbedingte Bedürfnis in mir auslöst, mich mit ihm zu vermehren und damit für immer zu verpflichten.

Es lief auf Abschied hinaus. Wie genau, daran kann ich mich nicht mehr erinnern. Er stand im Raum. Ich stand im Raum. Dann ging er.

Die erste Nacht bleibt vollständig im Gedächtnis. Ich, die ich normalerweise ein miserables Liebesgedächtnis habe, kann die Sequenzen beliebig vor- und zurückspulen. Bild für Bild schaue ich uns zu.

—

Der Vater ruft an. Der Cousin ist verunglückt. Mein Zwilling. Wir sind zur gleichen Zeit geboren. Unsere Mütter beschlossen deshalb, uns ähnlich zu nennen. Noch am gleichen Abend fahre ich nach Hause, von dort fliegen wir sofort in die Türkei. Es ist die Familie väterlicherseits. Arm und abgehängt leben sie am Meer, betraten nie das Ufer, hatten das Wasser noch nicht einmal gesehen. So etwas gibt es, soziale Verhältnisse, die weder tatsächliche noch innere Mobilität zulassen. Mütterlicherseits ist der Absprung in die Mittelschicht bereits vollzogen. Väterlicherseits aber leben sie in den Dörfern von Viehwirtschaft und in den Großstädten von Tagelöhnerei. Der verunglückte Cousin kam spätnachts von der Arbeit nach Hause, hatte den Schlüssel nicht dabei und wollte die Familie nicht wecken. Armut, Ausbeutung und Müdigkeit sind hier die Stichpunkte. Wenn man so lebt, weckt man niemanden auf, indem man klopft oder klingelt. Man achtet den Schlaf der anderen als hohes Gut. Der Cousin hangelte sich von außen die Balkongeländer und Fenstersimse hoch. Im dritten Stock, an der elterlichen Wohnung angekommen, brach ein Stück Mauer weg. Es fiel gemeinsam mit ihm hinunter. Das ganze Viertel ist marode gebaut. Dutzende Bürgerinitiativen setzen sich dafür ein, dass die Häuser in den Armenvierteln solider gebaut werden. Ständig stürzen Balkone herab, rutscht eine Etage weg, brechen die Verhältnisse in sich zusammen. Der Cousin also fällt in die Tiefe des Innenhofs. Vorbei am zweiten Stock, in dem ein anderer Onkel schläft, vorbei am ersten Stock, wo ein anderer Cousin mit seiner Familie lebt. Sein Hinterkopf schlägt auf den Beton, schwer fällt der Körper auf. Von diesem Geräusch erwachen sie alle.

Die Trauergemeinde staut sich bis hinaus auf die Straße. Im Hof, auf den Treppen, in den Etagen, überall Menschen. Als wir das Unglückshaus betreten, sitzt meine Tante auf dem Boden. Sie fasst mich am Kleid und schreit. Sie fällt schreiend mit dem Stoffzipfel meines Kleides in den Händen zwischen meine Knie. Die anderen versuchen, sie von mir zu lösen, der Onkel, mein Vater, die Brüder. Ihr Versuch, uns zu trennen, gelingt nicht. Ganz leise sind sie dabei. Reden ruhig auf sie ein. Es wird ganz still. Ihre Hände sind noch immer in mein Kleid verkrampft, nach einer Weile kippt sie bewusstlos zur Seite.

Am nächsten Morgen ist die Beerdigung. Die Lokalzeitungen sind da und wollen das Drama in Fotos einfangen. Wir versuchen es mit Drohungen, mit Bitten, die Journalisten gehen nicht. Sie brauchen O-Töne und Bilder, bald ist Bürgermeisterwahl. Es geht um Korruption im Bausektor, unsere Verzweiflung um den toten Cousin ist von lokalpolitischem Interesse. Es kommt zu Rangeleien, trotzdem verschwinden die Presseleute nicht. Hässliche Szenen spielen sich ab, die Jugendlichen lassen ihrem Zorn freien Lauf und prügeln die Typen weg. Wir sind alle wütend. Dieser Tod traf den Falschen, traf die falschen Eltern, die falschen Geschwister. Diese Familie ist so *nichthabend,* man kann sich nicht vorstellen, wie falsch und deplatziert dieser Tod ist.

Die Tante stellt sich auf den frisch aufgeschütteten Grabhügel und streckt sich mit offenem Mund gen Himmel. Stumm klagt sie in die Wolken.

Ich werde die ganze Zeit angeschaut, als wäre ich die Reinkarnation des Verstorbenen. Sie streicheln, drücken, beweinen mich. Er und ich waren uns zu ähnlich, waren gleich alt, hießen fast gleich. Meine Tante verfällt jedes Mal ins Delirium, wenn sie mich sieht. Bald verstecken sie mich vor ihr.

In der Nacht, der Morgen ist noch lange nicht angebrochen, geht der Onkel an das Grab seines Kindes. Für meinen Vater ist der Anblick seines trauernden Bruders unerträgliche Zeugenschaft. Er schaut deshalb fast nur noch auf seine Füße. Wir laufen alle tief gebeugt. Mein Vater aber berührt mit seinem Gesicht beim Laufen fast den Boden.

Da ist noch etwas. Meine Verwandlung vom ordentlichen zum außerordentlichen Familienmitglied fand ohne mein Wissen statt. Ich werde aus der Küche ferngehalten. Es wird nicht zugelassen, dass ich beim Abräumen und Spülen helfe. Die Studentin soll sich nicht mit niedrigen Tätigkeiten verschwenden. Mein Eintritt in die Universität bedeutet Bewunderung, Ansehen, Stolz und Ausgrenzung. Eine sehr entfernte Verwandte verkündet: Du bist keine mehr von uns. Sie meint das als Kompliment. Natürlich bin ich eine von euch, versuche ich mich entsetzt in den Familienschoß zurück zu verhandeln. Sei doch froh, sagte sie, du bist jetzt etwas besseres, ich wäre gerne an deiner Stelle.

Die Tage bestehen aus Sprachlosigkeit. Die Trauer lässt keinen vernünftigen Gedanken zu. Da sagt mein Vater auf einmal zu mir, dass ich gute Nachrichten erhalten werde. Bist du sicher, frage ich ihn. Ja, sagt er, ich habe es geträumt.

Komplizierte Gleichzeitigkeiten.

Die nächste Reisestation ist bei einer Tante mütterlicherseits. Sie hat gerade einen Sohn geboren. Es ist jene Tante, die mich, als ich noch beim Onkel wohnte, hin und wieder ins Haus der Großmutter holte. Ihr Sohn ist unglaublich winzig und behaart. Ich bin überwältigt vor Liebe. Na, du kleines Äffchen, kose ich ihn auf Deutsch. Meine Tante fragt, was das bedeutet, und spricht es etwas falsch nach. Ihr gefallen die Übersetzung und der Klang des Wortes, und also ist der Name für immer geblieben, *eine kleine Äffchen.*

Die Beziehungen zu den Kindern meiner Tanten und Onkel sind feste Bande. Wir nehmen unsere familiären Rollen sehr ernst. Ich bin nicht nur Schwester, sondern auch Cousine. Ich weiß genau Bescheid, was es braucht, um diese Aufgabe auszufüllen. Das ist absolut mein Terrain. So wie ich es von meinen Cousinen beigebracht bekam, so gebe ich mein Wissen an die jüngere *Cousinschaft* weiter.

Ich kann mich von dem Kind nicht lösen. Stehe mit ihm gemeinsam auf, gehe mit ihm zu Bett, wickele und bade es. Streiche über seinen behaarten Rücken, sehe, wie ihm täglich mehr das Fell ausfällt. Als die Zeit für den Abschied gekommen ist, flüstere ich in sein Ohr. *Jetzt bist du bald ein nacktes Äffchen. Stirb bitte nicht.*

Kurz vor der Rückreise erreicht mich die Einladung zum Bewerbungsgespräch an der Schreibschule. Ich habe die erste Runde geschafft.

—

Eisiger Winter bei minus zwanzig Grad. Sibirische Kälte lässt im äußersten deutschen Osten Wasserrohre in den Badezimmern platzen. Draußen an der Luft platzen die feinen Äderchen im Gesicht. Es ist der erste Tag in der neuen Wohnung mit den noch unbekannten Mitbewohnern. Die Wohngemeinschaft, mittlerweile die zweite, bestehend aus einer bayerischen Medizinstudentin, einem ostdeutschen Techno-DJ und mir, hat keinen Telefonanschluss.

Sonntag, später Nachmittag, vor der Telefonzelle hat sich eine lange Schlange gebildet. Ich bin die Vorletzte in der Reihe, hinter mir steht nur noch eine Person. Die eisblaue Luft bildet Schlieren in der Abenddämmerung. So eine Kälte sah ich in dem Film *Yol* von Yilmaz Güney, eine Kälte, die in laufenden Nasen Eiskristalle bildet. Das Warten in der Schlange verursacht nach der ersten halben Stunde Schmerzen in den Gliedern. Die Telefonzelle steht an einer dicht befahrenen Straße. Wenn ich die Eltern nicht regelmäßig anrufe, drehen sie vor Angst durch. Ich bin seit einem halben Jahr in der neuen Stadt und konnte bislang verhindern, dass sie kommen. Wir haben uns miteinander entspannt. Ich bin nicht mehr verbissen auf der Suche nach Konfrontation, und sie haben gelernt, etwas besser loszulassen. Obwohl wir immer wieder das Gleiche bereden, besänftigen und beruhigen die Anrufe sie. Ich nehme mir vor, sie nach dem Rezept für die rote Linsensuppe zu fragen.

Als ich an der Reihe bin, gehe ich in die Kabine und wähle die Nummer. Mein Hintermann drängelt sich zu mir in das Häuschen hinein. Ich bin empört, was soll das? Ich bin dran, sagt er. Nein, sage ich, bist du nicht. Ich drängle ihn raus und wähle die Nummer des Vaters erneut, höre seine Stimme, Tochter, bist du es? Auf Türkisch antworte ich, dass es mir gut geht, dass es sehr kalt ist. Der erste Schlag trifft mich in den Rücken. Als ich mich umdrehe, spüre ich den zweiten im Bauch. Er benutzt gleichzeitig seine Faust und sein Knie, versucht mich mit seinen Schlägen in den Boden zu rammen. Ich halte den Hörer zu und schaue ihm in die Augen, hoffend, ihn mit meinem Blick erreichen zu können. Ich frage: Du willst doch jetzt keine Frau totschlagen, oder? Es ist eng in der Kabine, ich kann nicht raus, weil er in der Tür steht, er prügelt auf mich ein, er macht mich richtig fertig. Ich sacke in mich zusammen, stoße mit dem Kopf an die harten Ecken der Telefonbücher. Der Vater ruft: Was ist, was ist?, der Hörer ist mir längst aus der Hand gefallen. Wie einen toten Hund stößt mich der Mann mit seinen Füßen auf die Straße hinaus und lässt die Tür hinter sich zufallen. Den Hörer mit dem Vater am anderen Ende der Leitung hängt er ein, nimmt ihn erneut ab und wählt von meinem Restbetrag eine Nummer, als wäre nichts geschehen.

Ich liege auf dem Boden und habe das Gefühl, dass ich mich nicht in meinem Leben befinde, sondern in ein fremdes Szenario schaue. Die Autos auf der Straße fahren langsamer, ein Fahrer dreht auf der Stelle um und fährt in die entgegengesetzte Richtung zurück. Ich kämpfe gegen den Impuls an, liegen zu bleiben. Meine Hilferufe verlieren sich in der kalten Luft. Da ist keine Kraft auf den Stimmbändern. Auf allen vieren laufe ich bis zur nächsten Ecke, wo ich mich an der Stange eines Straßenschildes aufrichte. Niemand hält an. Ich muss mir auf die Zunge oder in die Wange gebissen haben, in meinem Mund sammelt sich Blut. Ich versuche, nicht zu viel zu spucken, weil mein Brechreiz davon stimuliert wird. Ich will mich nicht auf der Straße übergeben.

Auf dem Weg in das neue Zuhause habe ich das Gefühl, dass etwas Schweres im Bauch liegt. Der Versuch, im Stehen zu laufen, kostet große Anstrengung. Ich erreiche das Haus, klingele und rufe meiner mir noch unbekannten Mitbewohnerin über die Sprechanlage zu: *Hilf mir. Ich bin überfallen worden.* Sie kommt heruntergerannt, hat ihre Hausschuhe noch an. Sie beugt sich zu mir auf den Boden, klopft mich ab, zieht mich hoch. Will mich über ihren Rücken heben, doch meine Verletzungen erlauben es mir nur, vornübergekrümmt zu gehen. Mal zieht sie mich die Treppen hoch, mal schiebt sie mich. In der dritten Etage angekommen bringt sie mich in ihr Zimmer und legt mich in ihr Bett. Vorsichtig schält sie mich aus meiner Kleidung heraus, schaut dabei parallel in ihre Medizinbücher. Sie hat sich gerade erst für das Medizinstudium immatrikuliert. Sie fragt, tut es hier weh? Und hier? Du musst mich zuerst nach meiner Krankenkasse fragen, sage ich.

Als wir uns kennenlernten, wirkte die Mitbewohnerin – das war am gleichen Tag, oder vielleicht einen Tag zuvor – unnahbar, fast kühl. Sie entpuppte sich als das Gegenteil. Liebenswürdig, hilfsbereit und selbstverständlich war sie da. Sie sagte: *Wir müssen zur Polizei. Das muss fotografiert und dokumentiert werden. Das können wir nicht auf sich beruhen lassen.* Ich aber wollte nicht zur Polizei. Schon allein aus Bequemlichkeit. Bei der Kälte erneut hinauszumüssen, die Etagen hinunter, das war für mich nicht zu schaffen. Die werden eine Täterbeschreibung wollen, insistierte ich. Was aber taugt eine Beschreibung, bei der ich mich nur daran erinnern könnte, dass er kurze Haare trug? Nicht einmal an die Farbe der Bomberjacke konnte ich mich erinnern. Blau, Grün, Schwarz? Obwohl ich ihm in die Augen geschaut hatte, hätte ich seine Augen nicht beschreiben können. Nichts an ihm hätte ich beschreiben können. Am besten konnte ich mich an die Schläge erinnern, vor allem an die ersten beiden. Sie sah es ein, sie war mit meiner Entscheidung unzufrieden, aber sie sah es ein. Sie war bestürzt und unglücklich.

Bei uns zu Hause galten Männer, die Frauen schlugen, als das Allerniedrigste. Nie zuvor hatte ein Mann die Hand gegen mich erhoben. Die an diesem Abend erlittene Demütigung war eine in jeder Hinsicht überraschende Erfahrung. Es war als Frau, mit meiner Konstitution und meinem Körperbau, vollkommen unmöglich, bei dieser Art des Angriffs irgendeine Form der Abwehr zu entwickeln. Mich zu verprügeln war, als prügle man ein kleines Kind. Man konnte mich biegen, man konnte mich zusammenfalten und zerquetschen. Wie es sich anfühlt, wenn ein männlicher Körper innerhalb eines Moments eine brutale und vollkommen angstfreie Kraft entwickelt und ungebremst über mich herfällt, während mein feiner, weiblicher Körper sofort in sich zusammenbricht, ließ mich künftig vorsichtiger werden, wenn ich mich draußen bewegte. Der Vorfall produzierte einen Ekel gegen diesen Typus Mann. Und gegen diese Form der Öffentlichkeit – also das Draußen, das man erlebt, wenn man das Haus verlässt –, die sich nicht als Schutz, sondern als Kollaborateur entpuppte. Wenn ein Mensch einen anderen in der Öffentlichkeit unter der Mitwisserschaft anderer beschädigt, wird damit eine gesellschaftliche Vereinbarung über Hierarchien und Stellungen getroffen. Die Gemeinschaft sprach zu mir, indem sie mir durch ihre Ignoranz zurückmeldete, dass ich ein ungeschütztes Mitglied bin. Das unbedeutende Kind unbedeutender Eltern. Ein Ali-Kind. Ein belangloses Ereignis, das auf der Straße liegen gelassen wird.

Der Mitbewohnerin werden die Details noch lange in Erinnerung bleiben. Immer wieder wird sie in den kommenden Jahren von diesem Abend sprechen. Diese Freundschaft knüpfte der Ausnahmezustand.

Natürlich ließe sich aus dem Geschehen die bloße Gewalt extrahieren und herausstellen. In meiner Erinnerung ist mehr. Das Mitgefühl und die Hilfe meiner Mitbewohnerin hinterließen den größeren Eindruck. Auch hier erlaubt die lange Zeit, die zwischen dem Ereignis und dem Heute liegt, einen glasklaren Blick. Es wäre ein Leichtes – und sicher auch richtig –, die Sache mit politischen Begriffen abzuhaken. Die bekannten Kategorien richten den Scheinwerfer immer auf das Hauptgeschehen in der Bildmitte: Im Beisein eines Publikums schlägt ein Mann eine Frau. Zuschauer und Mitwisser wenden sich ab. Erst wenn man den Blick zum äußersten Bildrand spazieren lässt, sieht man eine einzelne Frau, die in Hausschuhen zu Hilfe eilt.

Die Reihe der Freundinnen in Gedanken abschreitend, fällt mir die Häufung von Freundinnenschaft in Verbindung mit Komplizinnenschaft auf. In jede Krise ging ich alleine rein und kam mit einer Freundin wieder raus. Umgekehrt auch. Oft bot ich mein Freundinnensein an, wenn ich Not erkannte.

Da ist nämlich doch etwas im Herkunftsgepäck. Die Erziehung duldet im unmittelbaren, privaten sozialen Gefüge keine plumpen Zuordnungen nach Glauben, Muttersprache oder politischer Zugehörigkeit. Das hat mit Außenseitertum zu tun.

Wir waren in jeder Hinsicht Draußenstehende. In der neuen Heimat und in der alten Heimat. Durch Herkunft, Sprache und auch Religion. Die Gotteshäuser meiner Eltern waren verbotene Orte. Es gab nichts zu besichtigen. Keine Tür, durch die man hätte eintreten können, nichts, was man ab- oder überstreifen musste. Es gab keine opulenten Bildbände mit Wegweisern durch die Kultstätten, sakralen Bauten und anderen über den Erdball verstreuten Tempel. Ihr Glaube existierte und überdauerte einzig durch das Erzählen. Sprach einer ergreifend von ihrer Religion, war es ein ergreifender Glaube. Hatte einer aber kein Talent, waren die Glaubensinhalte mickrig und karg. Das ist mit allen verbotenen und negierten Glaubensgemeinschaften so. Sie überdauern durch die Erzählungen.

Aus stillem Protest gegen die Hetzreden der Imame in den Moscheen gegen seine Glaubenszugehörigkeit weigerte sich mein Vater zeit seines Lebens, die muslimischen Religionsstätten zu betreten. Ich aber, das genaue Gegenteil, empfinde Begeisterung für nahezu jede Form sakraler Architektur. Vor allem der Ruf des Muezzins ist für mich wie Magie. Er schneidet das laute und anstrengende Arbeitsleben mehrmals am Tag in Ruhezonen, schafft Platz für Gebet und Kontemplation. Das muss sagenhaft sein, einer Religion anzugehören, die sich im öffentlichen Leben über Jahrhunderte hinweg derart bemerkbar macht. Die Vorhöfe der Moscheen mit den Wasserbecken, die Gebetsräume, die Ornamente an Säulen, in Fenstern, auf Teppichen, die wie jede Verzierung in einer Kirche oder Synagoge entziffert und dechiffriert die Geschichte des Glaubens, seiner Behauptung und der Phantasie erzählen, der Zusammenhang zwischen einer heiligen Schrift und ihren religiösen Stätten hat einen sehr eigenen Zauber. Genau genommen handelt es sich um in Baukunst gegossene Literatur. Ich schaute nicht als Gemeindemitglied, sondern als Gast, mehr noch aber schaute ich als Kind. Der Vater begleitete mich bis zum Eingang des Vorhofes der Moschee und blieb draußen stehen.

Na los, *tur at,* drehe eine Runde! Ich warte hier auf dich.

Einmal, ich trat aus dem kühlen, dunklen Raum mit den Mosaiken und dem gedämpften Licht hinaus in die helle Hitze, unterhielt sich der Vater mit dem Imam. Sie echauffierten sich gemeinsam über die gestiegenen Brotpreise.

Den darauf folgenden Wortwechsel führten wir viele Jahre lang, denn mein Vater lieferte mich an unzähligen Eingängen zur Moschee ab. Hinterher stritten wir:

Ich fragte dich nicht, wie es drinnen aussah, denn das weiß ich. Ich fragte, ob es dir gefallen hat.

Warum gehst du nicht selbst hinein?

Es ist ein Gotteshaus, ich respektiere den Glauben und die Gläubigen. Aber ich habe eine andere Meinung zu dem, was da drinnen gesprochen wird.

Die Antwort des Vaters trug zu viele Widersprüche in sich. Wie konnte in einem Gotteshaus gleichzeitig an etwas Respektables geglaubt, aber etwas Falsches gesprochen werden? Wenn es das Wort Gottes war und niemandes Gott falsch sprach, wie fanden dann falsche Worte den Weg dahin? Ein Gotteshaus zu besuchen war für mich gleichbedeutend damit, Gott zu besuchen. (Wie ich mir angesichts der vielen Moscheen, Kirchen und Synagogen die vielen Wohnsitze Gottes erklärte, weiß ich nicht mehr. Mein Gottesverständnis schloss offenbar vielfachen Immobilienbesitz ein.)

Für mich, erklärte der Vater, wohnt Gott in mir. Sein Haus bin ich. Das Haus im Menschen ist schön und prächtig, wenn der Mensch es ist.

Du lehnst die Moscheen ab. Lehnst du die Gläubigen auch ab?

Nein, sagt er. Alle Menschen müssen Freunde sein. Wenn einer einen Keil zwischen die Völker schieben konnte, dann deshalb, weil da bereits ein Spalt war.

Der Vater sprach aus der Erfahrung der Brüche heraus. Weil man bislang noch in jedem Land mit ihm brach. Aus Gründen, für die er nichts kann. Der Ursprung für seine unerhörte Sehnsucht nach Zusammenhalt hatte ihren Ursprung darin, dass man ihn im Stich ließ. Es ist die Ur-

Erfahrung aller Minderheiten, die politisch nie an Macht und Mandate kamen. Wessen Stimme nicht zählt, der träumt aus der Defensive heraus besonders opulent von Solidarität.

Ich fand immer wieder Menschen, deren Väter ihren Töchtern sicher andere Geschichten erzählt hatten. Am Ende spielt es keine Rolle. Nicht für mich. Ich fand in allen Gemeinschaften eine Freundin.

Das gibt es doch nicht, murmelt meine Mitbewohnerin in der ersten Nacht in unserer neuen Wohnung immer wieder. Sie konnte nicht fassen, was mir geschehen war. Ich hingegen erholte mich erstaunlich schnell. Es war wie bei meinen Unfällen. Körperlicher Schmerz hinterlässt keinen bleibenden Eindruck auf mich. So etwas gibt es doch nicht, sagte sie und schob sich zu mir unter die Decke. Sie legte einen Arm um mich. So schliefen wir ein. Wie zwei Cousinen.

—

Die automatische Schiebetür im Eingangsbereich der Schreibschule macht ein Geräusch, als zöge man einen schweren, platten Autoreifen über den Boden. Das Foyer der Villa hat altes Parkett und Doppelfenster mit Messinggriffen. Auf der Treppe ins erste Stockwerk habe ich sofort den Wunsch, diese Stufen wie selbstverständlich gehen zu dürfen. Regulär eingeschrieben, korrekt abgestempelt.

Im Prüfungszimmer bittet man mich an einen runden Tisch. Die erste Hürde habe ich hinter mir. Aus hunderten Bewerbungen wurde ich herausgefischt. Natürlich fühle ich mich wie Beifang. Wie jemand, nach dem nicht Ausschau gehalten wurde, der aber durch die Maschen schlüpfte und im Netz landete. Nun ist der Fisch da und glubscht ungläubig die Regale, den gerahmten Druck über dem Schreibtisch, die silbernen Thermoskannen an.

»Was können Sie einem Publikum, das literarisch in einer anderen Erzähltradition steht, geben?« Wahrheitsgemäß antworte ich, dass ich das nicht weiß. Was habe ich zu geben? Das ist eine schwierige Frage. Stehe ich mit dem, was ich in meiner Bewerbungsmappe abgab, in einer *anderen* literarischen Tradition? Ich weiß gar nicht, was das sein soll, eine *literarische Erzähltradition.* Mich quält eher, dass ich mein Haar nicht zusammengebunden habe, denn jetzt sitze ich vor den drei Schriftstellern und meine Frisur fällt wie schwarzer Wasserfall auf Schultern und Tischplatte. Ich weiß, dass es ein Blödsinn ist, mir mein Aussehen zum Vorwurf zu machen. Die freundlichen Herren schauen erwartungsvoll. Ich bin unfähig, Zweifel auszuräumen. Es gelingt mir nicht, Antworten zu meinen Gunsten zu formulieren. Ihre Zweifel sind nichts gegen meine. Wo sie einen Zweifel haben, habe ich hundert.

»Gibt es einen Markt für Ihre Geschichten?«, fragen sie. Sie sind gestandene Schriftsteller, so viel weiß ich, aber ich kenne keines ihrer Bücher. In meiner Bewerbungsmappe waren Geschichten von einäugigen Großmüttern, von unter Bauschutt begrabenen Söhnen, von lüstern vorehelich über die Stränge schlagenden Cousinen. Ganz normale Geschichten von ganz normalen Leuten. Wieder antworte ich brav, dass ich es nicht weiß. Über solche Dinge habe ich mir nie Gedanken gemacht, mir war gar nicht klar, dass es für Geschichten einen Markt gibt. Da, wo ich herkomme, braucht es für eine gute Geschichte eine fähige Erzählerin und einen fähigen Zuhörer. Ist das bereits ein Markt? »Wie lange schreiben Sie schon?« Immer schon, ein bisschen, nur für mich … Ich empfinde unendliche Peinlichkeit über diese Antwort, würde einer nachhaken – ach ja, was denn, wo denn? –, wäre ich gezwungen, sie wieder zurückzunehmen.

Ich besitze zwar Hefte voller Selbstgespräche und Geschichten, doch es sind vor allem Abschriften aus Büchern. Das ist eine seltsame Angewohnheit von mir. Seitenweise schreibe ich Passagen aus Lexika, Wörterbüchern, Romanen ab, aber das kann ich hier nicht zugeben. Die Fragen der drei Schriftsteller machen mich ratlos. Ich spüre eine Wolke der Mutlosigkeit um mich aufsteigen, sehe sie den ganzen Tisch umspannen. Die drei gähnen schon wie beim Staffellauf, sobald der eine aufhört, reißt der nächste den Mund auf.

Eine junge Frau in Gesellschaft von drei älteren Männern. Ein Teil meiner Unsicherheit rührte vielleicht auch daher. Ich spürte, dass hier nicht lediglich Eignung im Sinne von Talent und Entwicklungsmöglichkeiten geprüft wurde, sondern alles Mögliche in der Waagschale liegt. Die Herren überboten sich in Höflichkeiten. Kaffee wurde ausgeschenkt, Wasser angeboten, es wurden Blicke ausgetauscht und Witzchen gerissen. Eine Bewerberin. Drei Prüfer. Es ging auch um Gunst und Sympathie. Hätte ich mehr Selbstbewusstsein besessen, hätte ich es leichter gehabt. Hätte es mit *Gefallenwollen* probieren können.

Ich wollte mit allem, was ich war, mit meinem Geschlecht, meinen Erfahrungen, meinem Elternhaus, unsichtbar bleiben. Der Kraftakt, vorhandene Unterschiede unbedingt negieren zu wollen, führt dazu, dass man zu einer schlechteren Version seiner selbst wird. Dass man als Vertreterin einer Gruppe wahrgenommen und einsortiert wird, fühlt sich in dem Moment, in dem man es bemerkt, an, als würde man unter Steinhaufen begraben. Dagegen anzukämpfen ist aussichtslos. Man ergibt sich jämmerlich. Ich war fest davon überzeugt, dass ich mit Klugheit gewinnen musste. Aber ich war nicht klug.

Das Wort *Literaturbetrieb* verwies mich zurück auf meinen Platz. Ein Platz bei jenen Leuten, wo Betrieb das Synonym für einen Maschinenraum mit Lärm, Gestank und Schichtsystem ist.

Erst ganz zum Schluss des Bewerbungsgesprächs fällt mir etwas ein. Ich frage, ob ich auf eine der Fragen vom Anfang antworten dürfe. Ja, sicher, sie freuen sich richtig, dass jetzt doch noch etwas von mir kommt. Wenn Sie recht hätten mit dem, was Sie vorhin erwähnten, beginne ich, dass nämlich alle literarischen Geschichten in einem bestimmten Markt platziert werden müssen und dass hier an dieser Schreibschule für einen Markt ausgebildet wird, der national vorgegeben ist, warum lesen wir dann Weltliteratur, warum gibt es dann Bücher aus anderen Sprachen und Ländern, aus alten und neuen Zeiten? Früher konnten die Menschen nicht reisen, nicht telefonieren, nicht fernsehen, sie erfuhren die Welt aus Büchern – entschuldigen Sie bitte vielmals, aber dieser Gedanke kam mir gerade, dass es möglicherweise in dem Moment einen Markt gibt, in dem man sich für etwas interessiert. Und außerdem – ich wollte Kooperationsbereitschaft, Anpassungsfähigkeit anbieten – könnten Sie mir doch beibringen, für den von Ihnen gemeinten Markt zu schreiben.

Ich verlasse die Villa durch den platten Autoreifen. Gegenüber ist die Kunsthochschule. Nebenan die Probebühne des Theaters, gegenüber davon die Musikhochschule. In jedem dieser Häuser könnte ich mir vorstellen zu lernen. Irgendwo bemüht sich eine Sopranstimme die Tonleiter hoch. Ein Fenster wird geschlossen, ein anderes geöffnet. Ich will auch ein Fenster schließen und ein anderes öffnen. Ich hatte keinen blassen Schimmer, was mich erwartete, aber hier war mein Ort. Ich hatte ihn gefunden. In so einem Haus würde ich sicher niemals müde werden.

Zum ersten Mal strebte ich beruflich etwas an. Etwas, das mir nicht vom Elternhaus zugetragen wurde und das ich wie Zement von A nach B tragen musste. Jeder Schritt in diesem Bewerbungsverfahren war das Ergebnis einer eigenen Entscheidung. Die für das Anstreben großer Ziele typische Unruhe brodelte in mir. Immer wieder hielt ich mit Zuversicht gegen Anzeichen von Resignation und Kapitulation an. Die Kraft meines Zuspruchs hielt nur kurz. Ich konnte mir nicht vorstellen, dass etwas in Erfüllung gehen könnte, bloß weil ich es mir wünschte. In meiner Welt bekam man, was von ganz oben für einen vorgesehen war. Vom Kanzler oder Bundespräsidenten. Aber bestimmt nicht, weil *ich* es so wollte.

Die Sehnsucht nach diesem Studium stand in starkem Kontrast zu der Leere, die ich in den Geisteswissenschaften spürte. Noch war ich in den Theaterwissenschaften geparkt. Nebenher hospitierte ich in der Produktion eines Theaterstücks, das langweilig und belanglos war. Aus meiner Eignungsprüfung hatte ich mitgenommen, dass es sich hierbei möglicherweise um einen Markt handelt, der nicht meiner war.

In manchen Nächten spielte ich in Gedanken eine mögliche Absage durch. Sie schien immer wahrscheinlicher. Vorauseilend tröstete ich mich mit dem Gedanken, dass ich immerhin studieren durfte und dass es vielleicht egal war, um welches Fach es sich handelte. Hauptsache nicht putzen. Am Ende des Wegs musste etwas anderes stehen als ein Putzeimer.

Ich erhielt einen Brief. Ich hatte den Studienplatz bekommen.

—

Es gibt keine großen Vorbesprechungen und Vorstellungsrunden. Es geht sofort los. Die meisten Lehrenden sind Schriftsteller, ein paar Germanisten sind auch dabei. Die Germanisten halten Vorträge. Die Autoren bewegen sich vorsichtiger durch die Schreibversuche der Studenten, grübeln über Satzanfänge, Tempi, Erzählperspektiven, haben Ideen oder Fragen, machen Streichungsvorschläge. Immer freut man sich, wenn man erkennt, dass man jemanden vor sich hat, dessen Sprechen und Schreiben anders ist. Herta Müller kritisiert meinen Text. In meiner Geschichte sind unverzeihliche Fehler, sie ist unzufrieden. In einem Aquarium ließ ich »viele kleine glitzernde Fische« schwimmen. Warum, fragt sie mich und schaut streng, warum müssen es, sie streckt die Arme übertrieben verzweifelt in den Himmel, Silbe für Silbe betonend, *viele kleine glitzernde Fische* sein? Was fällt einem ein, wenn man an ein Aquarium denkt, na, was wohl? Ganz klar, *viele kleine glitzernde Fische!* Jemand erlaubt sich einen Scherz: Frau Müller, soll in dem Aquarium etwa ein Gummistiefel liegen? *Nein!*, sie schreit fast. Gummistiefel im Aquarium ist an Konventionalität kaum zu überbieten, das sei ja nun das Obertypischste! Das Seminar kreischt vor Vergnügen. Woran denkt man bei einem Aquarium, ganz klar, ans Angeln, wer fällt einem dazu ein, ganz klar, der berühmte, erfolglose Angler, und der hat was an der Schnur, ganz klar, einen Gummistiefel! Da wird die Assoziationskette ja nun wirklich auf das Peinlichste deutlich! Im Übrigen befinde sich in meiner Geschichte ein weiterer schwerwiegender Patzer: Mann und Frau hätten im Badezimmer Sex, er dusche nach dem Akt und: »hängt das Handtuch an den Ständer«. Sie rollt das R und ist richtig in Fahrt. *Sie vollziehen den Akt, und anschließend hängt er das Handtuch an den Ständer? Ein Ständer muss raus!* Resolut marschiert sie weiter durch meinen Text, lässt keinen Stein auf dem anderen. Die Kommilitonen brüllen sich kaputt.

So geht es Stunde für Stunde, Werkstatt für Werkstatt, Semester für Semester. Ich wünsche mir, dass es nie aufhört.

Ich lerne. Ich lerne von der ersten Minute an. Ich komme in die Villa, setze mich ins Seminar, höre zu und lerne. Verstehe alles auf Anhieb. Bin erreichbar und offen auf allen Kanälen. Später auf dem Heimweg gehen mir die Gespräche, Lektorate und Rezensionen durch den Kopf. Die Bandbreite der Erzählformen ermöglicht nicht nur eine geordnete Sicht auf die Literatur, sondern auch auf das eigene Schreiben. Wer bin ich in Sprache? So wie es ein Tochter-Ich gab, ein Freundinnen-Ich, ein Liebes-Ich, gab es ein Erzähler-Ich. Das war eine der Fragen, von denen ich ahnte, dass ich mich lange und gründlich damit zu beschäftigen hätte.

Mir war völlig klar, dass ich an dieser Schule sein durfte, obwohl man mich an einer äußeren Linie verortete. Ich verlor deshalb nicht die Nerven. Ich machte einfach von der Seitenlinie aus mit.

Die ersten Semester schreibe ich meine Texte auf Türkisch und übersetze mich ins Deutsche. Arbeite mit Wörterbüchern und entdecke einen Trick. Wenn ich mich für die Übersetzung eines Wortes in einer Sprache entscheide, dieses Wort in die andere Sprache zurückübersetze, bekomme ich eine bestimmte Bedeutung herausgeschüttelt. Entscheide ich mich für eine andere mögliche Übersetzung, schüttele den Satz im Ping-Pong-Verfahren zurück ins Türkische und wieder vor ins Deutsche, erhalte ich einen anderen Begriff. Mit diesem Verfahren übersetze ich auch Lieder und Gedichte und bekomme dadurch mehr Sprache. Es werden immer mehr Wörter und ihre Bedeutungen. Ich schüttle wie verrückt.

Gierig auf die ganze Bandbreite. Trivialliteratur, erotische Erzählung, Satire, Glosse, Dramolett. Neugier und Phantasie schwimmen im Überfluss – alles ist wichtig. Was ich jetzt nicht übe, so glaube ich, werde ich im Leben nicht mehr lernen. Für manche Uni-Scheine müssen wir mit einem Co-Autor im Tandem schreiben. Ich mache die Erfahrung, dass ich auch gut zu zweit arbeiten kann. Mein Kollege und ich probieren uns an einem Roman über eine Frau, die oberflächlich, langweilig, absolut dumm, leer und selbstbezogen ist und trotzdem sehr liebenswert. Wir lassen sie durch ihr Leben in materiellem Überfluss stolpern. Lassen sie scheitern und sich blamieren, sie ist wirklich komplett albern. Als wir Ausschnitte daraus präsentieren, amüsiert sich die Klasse. Jeder will diese Frau sein, ihre Blödheit ist spektakulär. Wir haben sie mit einem einzigen positiven Merkmal ausgestattet, nämlich der Gabe, ihre Niederlagen genüsslich in aller Breite auszuschmücken. Als ich Jahre später Helen Fieldings »Bridget Jones«-Kolumnen, die Romane und später auch noch die Verfilmung kennenlerne, sehe ich die üblichen Erzählprobleme, die eine solche Frauenfigur mit sich bringt. Die Schule ermöglicht es, den Schreibvorgang nicht als Zufallsprodukt zu betrachten, nicht als Ergebnis von Muse, Inspiration und Talent, sondern als stetige Bemühung um Verbesserung. Und als eine Aneinanderreihung von Kniffen und Verfahren. Wann immer ich etwas lese, das mir sehr gut gefällt, stöbere ich den Text nach Tricks ab.

Ich kann nicht schreiben. Sondern: Ich schreibe. Das ist ein Grundsatz, der mich häufig entlastet. Man *kann* nicht schreiben. Man versucht es. Die Kunst – nicht der Kunstbetrieb – ist demokratisch und gerecht. Sie hat ihre Arme weit geöffnet. Das hier ist kein Gebäude. Ich muss nicht warten, dass man mich hineinlässt. Ich brauche keine Einladung und daher kann mich auch niemand rauswerfen. Niemand kann etwas gegen mein Schreiben unternehmen. Gegen meinen Willen, das zu tun. Ich muss keinen Raum zugewiesen bekommen. Ich habe etwas gelernt, das mir gehört, das ich füllen kann, mit meinem Anliegen. Ich bin autonom. Absolut und ohne jede Einschränkung autonom. Das macht mich frei. Als Autorin, als Frau, als Mensch. Total frei. Einerseits.

Andererseits. Die Innenschau auf mein Tun ist kompliziert. Phasen der Selbstzweifel, Enttäuschung über meine begrenzten Mittel, meine Methoden, mein Talent sind bisweilen zermürbend lange Gedankenketten, von Mal zu Mal länger andauernde Perioden von Überdruss, die immer dort enden, wo sie begannen: wieder am Anfang. Das enttäuschende Gefühl. Ich kann nichts. Ich bin nichts. Kraft sammeln, aufrappeln, anfeuern: Ich mache das jetzt einfach. Ich schreibe.

Das erste Buch ist aufregend, das zweite anstrengend, das dritte leicht, über das vierte altere ich um Jahrzehnte, das fünfte führt zu einer langen Pause, das sechste rettet mich. Verzweiflung als Grundton. Und dann wieder fällt mir die Diagnose meiner Cousine ein: *Mein Gott, dass du immer so übertreiben musst!*

Es ist absolut richtig: Ich komme aus dem materiellen Nichts. Aber offensichtlich war dieses Nichts genug für alles, was danach kam.

Auf der anderen Seite, was ist schon das Nichts? Vergleiche ich mich mit anderen, entdecke ich auch im Nichts Abstufungen. Mein verstorbener Cousin hatte noch mehr Nichts. Denke ich an meinen Vater, meinen Großvater, dann war da geradezu barockes Nichts. Das Nichts ist eine Welt mit kargen und üppigeren Winkeln. Wer es aus dem Nichts zu etwas weniger Nichts bringt, ist ein König. Ich bin ein König der

Randbezirke, ich herrsche über die Satellitenstädte. Während viele Autoren in ein Zentrum streben, habe ich immer das Gefühl, von der Peripherie aus zu schreiben und zu denken. Die Peripherie allein sagt nichts aus. Weder etwas über Erfolg noch Misserfolg. Das ist die gute Nachricht. Ich habe sie mir selber überbracht.

Es war kurz nach dem 11. September 2001, wir saßen im Seminar. Die anderen Studenten äußerten ihre Ängste über Araber, Orientalen, Muslime, Immigranten. Sie sprachen also nicht explizit über die Terroristen, sie sprachen über Menschen wie mich. Der Professor sagte, man komme an diese Welt und diese Leute nicht heran, wisse nicht, was sie bewege, und dass das sehr schade sei. Die Gemeinschaft, in der ich dort in der Villa saß, tat also so, als gäbe es die Erzählungen nicht, die Bücher, die Literaturen, als wären sie von den Bibliotheken, den Zeitungen, von dem ganz normalen Leben in Deutschland und der übrigen Welt abgeschnittene Analphabeten. Es sind skrupellose Menschen, sagte ein Kommilitone, sie verachten Frauen und Homosexuelle, sagte ein anderer, sie schauen auf uns *im Westen* herab, gab eine Dritte ihren Eindruck wieder. Die Kollegen, mit denen ich zu diesem Zeitpunkt Jahre des gemeinsamen Lernens teilte, sprachen ihre Bedenken und Gedanken freimütig aus. (Nicht erst da entwickelte ich ein tiefes Misstrauen gegen das Urteil eines Kollektivs. Es traf mich also nicht ganz unvorbereitet.) Sie schauten mich beim Reden nicht einmal an. Ich war gar nicht da für sie. Ich war unsichtbar. Das bedeutet Peripherie.

Das Nichts und der Überfluss schließen sich nicht aus. Mein Vermögen vermehrt sich auf der Grundlage von Nichtshaben, Nichtswissen und Nichtskönnen. Am Ende bleibt es ein Plusgeschäft. Des Schreibens wegen.

Das Entblättern des Selbst, das Sich-Zusammenfassen in Geschichten geschah spät und zögerlich. Unter allergrößten Bedenken schrieb ich »Ich« und meinte damit auch mich. Im Studium schrieb ich nichts, das Einblick in meine Ausgangsbedingungen gab. In den Texten der Kollegen kamen Defizit, Mangel und Armut nicht vor. Bei ihnen ging es fast immer um Beziehungen.

Meine Erfahrungen machten aus Versehen aus meinem Schreiben ein politisches Schreiben. Das war nichts, das ich mir vornahm. Schreiben geschieht in der Hoffnung, dass man etwas erkennt. Schreiben ist Sortieren und Sichtbarmachen und der Versuch, sich in ein Verhältnis zur Welt zu setzen. Im Schreiben kann ich die besseren Diagnosen stellen. Im Rückblick erkenne ich, dass der Grund für das Gefangensein meiner Familie nicht ausschließlich sozioökonomisch begründet war, sondern im Mangel an Kenntnis über die vorhandenen Möglichkeiten. Wir waren gefangen im Mangel an Wissen. Dem Mangel an Gelegenheiten. Ich begriff das erst beim Schreiben. Und auch erst dann, als ich aufhörte, die Themen der anderen zu imitieren. Aufhörte, das Denken und die Bücher der anderen wie Leitplanken oder Bojen in meine Texte zu stellen. Erst als ich aufhörte, meinem Schreiben Legitimität durch Zitate anerkannter Dritter zu verpassen und stattdessen etwas so Paradoxes wie die *wahrste Wahrheit* in mir selbst zu suchen, erlangte ich im Schreiben Erkenntnis über mich selbst. Wo auch immer ich bohrte, wurde ich fündig.

Herkunft ist kein manifester Zustand. Wo genau will man sie festmachen? Mittlerweile leben wir alle in besseren Verhältnissen. Die Cousinen und Tanten reisen und bewegen sich wie Kosmopolitinnen durch die Welt. Durch Heirat kamen neue Kulturen im Dutzend in unsere Familie, umgekehrt exportierten wir unsere Gebräuche durch Beziehungen in die Traditionen anderer hinein. Herkunft ist nicht nur die Phase zwischen Geburt und Kindheit und noch ein wenig Adoleszenz. Soziale Zugehörigkeit beinhaltet Entwicklung, Verlust, Krankheiten. Umfasst die ganze Strecke, nicht nur Abschnitte. Umschreibt die ganze Biographie, sämtliche soziale Schichten und Zustände, die man im Laufe der Zeit passiert.

Auch wenn es sich immer noch so anfühlt: Ich bin kein Underdog. Nicht mehr. Es wäre falsch von mir, als Underdog zu schreiben. Unwahr. Ohne weiteres abschütteln lässt sich das Erleben im elterlichen Zuhause nicht. Ebenso gilt aber mein unbedingter Vorsatz, dies weder als Kapital noch als Schmuck und schon gar nicht als Defizit mit mir zu tragen und auszustellen. Keinen Markenkern daraus zu machen. Ich will keine Unten-Erzählerin sein. Keine Unten-Autorin, keine Unten-Frau. Ständiger Zwiespalt: Jedes Erzählen, jede Pointe, jede Anekdote, die ich preisgebe, formt das erzählende Ich, das *Draußen-Ich.* Um mich verständlich zu machen, muss auch das unten erzählt werden. Aber nur damit bliebe es unvollständig. Ich bin nämlich schon mittel-oben.

Es gibt zwei Wege, das eigene Anliegen zur Sprache zu bringen. Entweder schließt man sich einer Gruppe an und spricht und handelt in kollektiven Codes, in einer gemeinsam erfundenen Sprache und Welt und Bewertung. Oder man lässt es bleiben.

In meinem Milieu fand ich keine Verbündeten. Dort, wo ich nicht nach ihnen suchte, fand ich sie. Als ich am Theater hospitierte, traf ich einen Schauspieler, der in Not war. Es ist der erste Probenabend. Der Regisseur hat die Probe spontan angesetzt. Die kleinen Kinder des Schauspielers haben keine Betreuung, seine Frau hat ebenfalls einen Berufstermin. Der Schauspieler ist verzweifelt. Sein Engagement im Ensemble ist neu, die Familie ist eben erst in die Stadt gezogen. Er diskutiert mit dem Regisseur, der unnachgiebig reagiert. Da biete ich dem Schauspieler an, zu ihm nach Hause zu fahren und seine Kinder zu hüten.

Als ich in der Wohnung ankomme, stehen ein kleiner Junge und ein sehr kleines Mädchen vor mir und sind froh, weil sie sich vor dem Alleinsein fürchten. Ihre Mutter hat bereits im Treppenhaus auf mich gewartet, rief schnell »Danke, danke!« und rannte los. Ich schließe die Tür, mache den Kindern zu essen. Sie setzen sich auf meinen Schoß, sie haben Angst. Später bringe ich sie ins Bett und bleibe bei ihnen. Diese Kinder begleite ich noch viele weitere Jahre. »Dieses Messer muss man abtrocknen, sonst rostet es«, doziert das kleine Mädchen. »Das Buch wird im Mittelteil deutlich schwächer«, kommentiert der Zweitklässler, während ich daraus vorlese. Sie suchen meinen Schutz, aber sie klugscheißern mich dabei auch immer voll. Sie sind hinreißend und unterhaltsam.

Ihre Mutter war es, die meine Bewerbungsmappe für das Studium mit mir vorbereitete. Sie lektorierte die ersten Texte. Sie schenkte mir den ersten Computer, an dem ich von da an schrieb. Sie begleitete mich durch das Studium, ergänzte, was fehlte.

Wo ich einen Mangel an Bildung verspüre und es ihr gestehe, winkt sie ab und sagt: Ach was, das weiß dieser und jener Schriftsteller auch nicht. Dann zitiert sie ganze Romanstellen aus dem Gedächtnis. Sie weiß immer Rat. Oft geht sie an das Buchregal, holt ein Buch heraus und sagt: Lies. Da steht alles drin.

Das alles ist Studium für mich. Hinter meinem Autorinnensein verbergen sich viele Lehrerinnen.

Es zieht mich zu jenen Frauen, die wie ich Gefallen an ihrer Sache finden. Die ihre Befriedigung aus dem ziehen, was sie tun. Unter ihnen suche ich nach Gleichgesinnten. Halte Ausschau nach denen, die genauso verbissen wie ich versuchen, ihre ureigene Sache zu ergründen. Ich kann die Pein jener Frauen verstehen, die darunter leiden, nicht genug gelernt zu haben. Ich kann ihren Schmerz nachempfinden. Es stimmt, wenn sie denken, dass ihnen dadurch etwas Schönes, Eigenes, Befreiendes entging. Auch mich hat das Studium befreit. Das Lernen muss nicht auf einer Universität stattfinden. Meine Mutter bekam das Lesen und Schreiben von der Grundschullehrerin meines Bruders beigebracht. Sie hatte sich ihr eines Tages anvertraut. Die Lehrerin kam von da an einmal die Woche in unser Haus. Mit der Lernfibel für Erstklässler übte sie mit der Mutter die Buchstaben. Wir hatten gar nicht gewusst, dass sie das nicht konnte. Es fiel niemandem auf. Wir mussten ihr versprechen, falls jemand nachfragte, weshalb die Lehrerin so oft bei uns sei, zu behaupten, dass unser Bruder Nachhilfe bekäme.

Ich weiß, jede Silbe in diesem Satz ist wahr: Wer eine Schule eröffnet, schließt ein Gefängnis.

—

Obwohl ich keine Ausschau hielt und nicht auf der Suche war, landete ich bei einem Mann. Ich hatte einen Raum mit mir unbekannten Leuten betreten und sagte: Hallo. Er war der einzige, der den Kopf hob und meinen Gruß erwiderte.

So einen Mann, so eine Wohnung, so ein Leben hatte ich nie zuvor gesehen. Die Zimmer waren vollgestopft mit Dingen, die seine Großmutter ihm vermacht hatte. Ein Mann, wie zurückgelassen aus einem vergangenen Land und einer vergangenen Zeit.

Er wohnte mit seinen Katzen in einem alten Haus, das kalt, feucht und zugig war. Im Wohnzimmer stand ein Teewagen, auf den er die frisch geborenen Katzenjungen bettete. In seiner Küche ließ er mir in einer burgunderfarbenen Badewanne ein Schaumbad ein. Aus seinem Schlafzimmer machte er ein Boudoir, indem er einen Paravent aufstellte und eine Kommode nur für mich. Auf die Kommode stellte er ein oval gerahmtes Bild, das ein Boudoir mit einer Kommode zeigte, und im Hintergrund einen Paravent. Ein Mann, unwahrscheinlich schelmenhaft, aber nicht exaltiert, sondern heiter und ruhig.

Bevor er das erste Mal mit mir schlief, fragte er, *Verhütest du?* Ich verneinte. Dann fragte er, wann mein Eisprung gewesen sei. Ich wusste es nicht. *Das weißt du nicht?* Er holte einen Kalender und erklärte mir alles.

Ein stiller Mensch der Lust. Vollkommen bei sich. Alles war immer gleich wichtig. Die Musik, das Buch, der Ausflug.

Jemand wie er hielt keine Ausschau nach Frauen. Der war sich selbst genug. Ich musste mir Mühe geben, mich anstrengen. Ich wusste gar nicht, wie das geht: werben. Was man sagt. Wie man es anstellt. Also tat ich das Naheliegende. Ich gestand meine Liebe und durfte bleiben. Einmal fragte ich, Bin ich deine Frau? Er antwortete, *Du bist ja noch wie ein Mädchen.*

Wie man eine Beziehung führt, was das eigentlich ist, eine Beziehung, alles unwichtige Fragen. Es gab nichts zu verhandeln. Es war einfach. Wenn man trampt, steigt man in das Auto eines anderen ein und fährt eine Weile mit. So war das. Ich fuhr mit ihm. Die längste Autofahrt meines Lebens.

Die ersten Jahre, das erste Jahrzehnt, waren ein großes Vergnügen. Das nächste gemeinsame Jahrzehnt brach an und war schon fast wieder vorbei, als ich merkte, dass ich ein Leben zu zweit, so wie wir es bis dahin führten, so eng, so vertraut, in ständiger Fürsorge, kein drittes Jahrzehnt führen konnte. Es gab keinen Bruch, keinen Anlass oder Grund. Es war nur so, dass ich merkte, dass ich für so etwas nicht gemacht bin. Vielleicht lief es deshalb so gut. Weil es aus Zufall geschah. Aus Freundschaft. Aus gegenseitiger Bewunderung und Anziehung. Ich fing an, mich zu fragen, was für ein Frauenleben ich eigentlich führen möchte.

Wieder schaute ich mir die Frauen meiner Umgebung an. Frauen, die es »geschafft« hatten. Was ich sah, fand ich beunruhigend.

Überall traurige Frauen. Mit Traurigkeit zugedeckte Frauen. Frauen, die mit ihren Männern herumreisen, die sich Beschäftigungen aufhalsen, deren Zweisamkeit mit ihren Männern aus nichts anderem besteht, als dass zwei Leute eine Wohnung, ein Auto, ein Konto, die Erziehung gemeinsamer Kinder und den Zahnputzbecher miteinander teilen. Frauen, denen die Trauer darüber ins Gemüt und ins Gesicht eingezeichnet ist. Die wissen, dass kein Urlaub, keine Anschaffung das je wiedergutmachen kann. Frauen, die ihre Traurigkeit aushalten, weil sie ihnen von ihren Müttern bekannt ist. Weil die unverwirklichten Träume übertragen werden auf die nächste Generation. Wo auch die Söhne sich an ihre traurigen Mütter gewöhnen und deshalb nur noch halb so erschrocken sind, wenn sie dreißig Jahre später selber so eine traurige Frau haben. Und Töchter erkennen sich in ihren Müttern wieder und fühlen sich als trauriges Kontinuum in einer traurigen Welt. Und alle hatten sie immer Pläne. Immer sollte irgendwann etwas anders werden. Besser. Leichter. Schöner. *Irgendwann.*

So eine Frau wollte ich nicht sein. Eine Zweisamkeitsfrau, die sich in einer Partnerschaft verausgabt und traurig endet.

Welches Leben würde ich führen, wenn ich auf niemanden Rücksicht nähme?

Ein Knäuel mit losen, wirren Enden lag auf meinem Schoß. Welches Ende ich auch in die Hand nahm und zurückverfolgte, ich konnte mir nicht erklären, warum in meinem Leben alles so war, wie es war. Das Ungetüm von Erwartungen, Ängsten und unreflektierten Entscheidungen hatte mich in ein Leben versetzt, an dem mir nichts lag. Die Einladungen, die ich aussprach und bekam, die vielen gegenseitigen Besuche. Die immer gleichen Gespräche und Anliegen. Um mich herum Heiraten, Kinderwollen, Kinderkriegen. Trennungen, neue Beziehungen, neuer Besitz, neue Anschaffungen. Familienstreitigkeiten, Verwerfungen, Versöhnungen. Das sollen gelungene Leben sein? Dann schaut man genauer hin und entdeckt ausschließlich traurige, ausgelaugte Frauen. Ich war wirklich schockiert.

Auf die ehrlich an mich selbst gestellte Frage, womit ich am zufriedensten und ruhigsten war, lautet die Antwort: mit mir. Einfach nur mit mir.

Ich erkannte eine unbestimmte Sehnsucht nach einem Leben, in dem das Lesen und Schreiben im Vordergrund stand. Der Schreibtisch. Und alles andere erst danach. Ich sehnte mich nach Stille. Im Nachhinein ist mir völlig klar, warum ich mich als Schülerin bei meinen Gedankenexperimenten hinein in die Einbauküchen und anderen Bilder der Magazine und Werbebroschüren nie auch nur einen Zentimeter durch die Phantasie bewegen konnte. Es entsprach nicht meinem Wesen. Nichts von der Art, in der sich die Frauen in diesen Welten bewegten, reizte mich. Nichts davon erscheint mir bis heute erstrebenswert. Ich reagiere stumpf und leer darauf. Was ich brauche, kommt ohne Ausstattung aus.

Das Eingeständnis, dass die Art, wie man lebt, deshalb zustande kam, weil man keine andere kennt, ist ein langer und verschlungener Gedanke. Mühsam spaziert man ihn Jahr für Jahr im Kopf ab und kommt nicht drauf, woher die Unruhe rührt. Ich war fertig ausgebildet und stand mitten im Berufsleben. Der Weg dahin war voller Widerstände und Selbstzweifel gewesen. Angekommen im Gleichstand mit anderen war ich erschöpft. Ja, sogar etwas mehr. Ich war ziemlich erledigt.

Ich befand es für falsch, dankbar dafür zu sein, dass man es zu zweit gut hat. Was nützt die Freiheit, wenn ich es *nur bis dahin* gebracht habe? Zu einem harmonischen Beziehungsleben, in dem mein Beruf – ob ich wollte oder nicht – immer eine untergeordnete Rolle spielte. Die meisten Frauen, die ich kannte, strebten an, endlich mit einem Mann zusammenzuleben. Dabei wendeten sie die wahnsinnigsten Tricks an. Wurden heimlich schwanger, quartierten sich Kleidungsstück für Kleidungsstück in der Wohnung des anderen ein. Bei mir war es umgekehrt. Ich wendete die wahnsinnigsten Tricks an, um weg zu sein. Kleidungsstück für Kleidungsstück quartierte ich mich aus. Verbrachte mal hier ein halbes Jahr und da ein ganzes. Wäre ich geblieben, hätte ich zugeben müssen, wie ich wirklich bin. Es war mir unangenehm, zuzugeben: »Ich habe nur so vor mich hin geträumt« oder »Ich habe die letzten fünf Monate nur gelesen, sonst nichts« oder »Nein danke, ich möchte keinen Urlaub, kein Kind, kein Haus. Ich möchte nur schreiben. Sei nicht traurig. Ich habe alles, was ich brauche«.

Einmal fuhr ich mit meinem Vater im Auto und sagte: Ich glaube, ich werde alleine leben. Ich möchte mich trennen. Mein Vater, der sonst auf jede Entscheidung verständnisvoll reagierte, sagte: Das geht nicht. Man kann nicht alleine leben.

Warum, fragte ich?

Weil du ein Mensch bist.

Ich wurde für ein Leben im Kollektiv erzogen. Für ein Leben mit familiären Beziehungen, wo man sich für den Fortbestand der Beziehungen wie in einem Tauschgeschäft auf ein Mindestmaß an Bedürfnissen reduzieren muss.

Ich löste mich. Von Bekanntschaften, von vermeintlichen Freundschaften (ich übte für die große, die bevorstehende Trennung). Je freier ich mich von den meisten sozialen Beziehungen machte, desto besser konnte ich sehen, was mir wirklich etwas bedeutete. Fast nichts. Erstaunlich wenig.

Ich begann, täglich mehrere Stunden spazieren zu gehen. Die meisten Monate im Jahr verbrachte ich nicht mehr in der Stadt, sondern fuhr auf eine Insel. Meistens lief ich am Meer auf und ab. Das tat ich die ganzen kommenden Jahre.

Schrieb kürzere und längere Texte. Aber die meiste Kraft verwendete ich darauf, die Unruhe in mir zu besänftigen.

Allgemeingültige Wertmaßstäbe und Urteile über ein gelungenes Leben über Bord zu werfen ist schwer. Wenn man sich fragt, was wichtig ist, landet man immer bei den großen Antworten. Liebe. Freundschaft. Gesundheit. Traute ich mich, das nur für diesen einen Moment zu beantworten, fiel die Antwort viel kleiner aus. Wie schön das Leben im einzelnen ist. Morgens oder um die Mittagszeit. Ein einfaches Ding, irgendetwas wirklich Unbedeutendes stand in einem besonderen Winkel und sah sehr schön aus. Das konnte mich für eine erstaunlich lange Zeit befriedigen. Ich dachte viel über Schönheit nach. Über optische und ethische Schönheit. Über die Schönheit der Welt und darüber, in ihr zu leben.

Ich las wie besessen über die Schönheit. Was sie dem Menschen bedeutet. Um zu erfahren, ob sie mir helfen könnte. Auch als Kontrast zu meinem politischen Schreiben. Ein Schreiben, das flankiert war von Hass und Hässlichkeit der Rezipienten – typische Begleiterscheinungen des Berufes.

Auf Türkisch sagt man *güzel insan.* Wörtlich übersetzt heißt es: schöner Mensch. Gemeint ist damit aber der gute Mensch. Ich schlug nach und erfuhr, dass die Griechen, um Schönheit in ihrer Ganzheit begreifen und erklären zu können, den Kunstbegriff *kalokagathia* erfanden. Das Wort verbindet die Schönheit mit der Gutheit (*kalós:* schön, *agathós:* gut), gemeint ist damit die körperliche, moralische und geistige Vollkommenheit. Ethik und Schönheit als Einheit. Das

Wahre, Gute und Schöne ist kein Widerspruch in sich. Und eigentlich hätte ich nicht nachschlagen müssen. Genauso sagte es mir mein Vater – ohne zu wissen, wie nah er den Griechen war oder die alten Griechen den Aleviten – damals im Vorhof der Moschee:

Das Haus des Menschen ist schön, wenn der Mensch es ist.

Aus diesen Geschichten komme ich. Nicht aus der Geschichte über Selbstverwirklichung in der Partnerschaft oder Ernährung. Die Geschichte über die Schönheit und die Gutheit ist meine Geschichte, in dieser Tradition stehe ich.

Ich wuchs heran in einem Kreis von Frauen, in dem Würde aus Schönheit bestand, aus Lebens- und Liebeslust. Ich kann das schlecht in eine nachvollziehbare Ordnung bringen, aber ich *weiß*, dass das einer inneren Ordnung folgt. Die Gabe, Schönheit zu erkennen, Sexualität zu erleben und Freude zu empfinden, ist nicht die Folge eines gelungenen Lebens, sondern ihre Voraussetzung. Es ist vollkommen verrückt, über sein Leben zu sinnieren und nicht damit zu beginnen. Was sonst ist denn das Frausein, wenn nicht das? Denke ich an meinen Körper, denke ich an einen verlangenden, begehrenden, befriedigten und befriedigenden Körper. Aber ich denke beim besten Willen nicht an Zweisamkeit unter einem Dach.

Man hatte mir so sehr eingeredet, wer ich bin und was ich zu sein habe, dass ich mich nicht mehr traute, zu einem Mann zu sagen: Ich bin verrückt nach dir. Wirklich verrückt. Aber danach musst du gehen, sonst gehe ich kaputt. Verschone mich mit deiner langfristigen Anwesenheit. Weil ich sonst anfange, nichts mehr zu fühlen.

Das liebende Gegenüber war sensibel und spürte alles. Einmal sagte er etwas sehr Richtiges: Dich muss man an der ganz langen Leine lassen. Dir das Gefühl geben, dass man dich ein wenig verlassen hat. Und dann deinen Ängsten überlassen. Wenn du glaubst, dass du völlig verloren bist, kommst du zurück und platzt vor Verlangen. Wirst anhänglich. Und gerade, wenn man sich an dich gewöhnt hat, gehst du wieder. Das Gehen gelingt dir am besten.

Stimmt natürlich nicht. Darauf waren die Eltern schon reingefallen. War alles gleich schwer. Das Bleiben, das Gehen und das Wiederkommen.

Es galt die Nachricht zu überbringen. Ich hatte so etwas noch nie gemacht. Wie verlässt man jemanden ohne einen vernünftigen Anlass? Darf man das überhaupt, so einen vagen Grund vorzutragen: Bis hierhin war es schön. Aber nun möchte ich ein anderes Frauenleben. Wenn ich jetzt bliebe, dann nur noch aus Versehen. Aus Bequemlichkeit.

Wieder tat ich das Naheliegende. Ich gestand meinen Wunsch nach Freiheit und durfte gehen.

Das war das dritte Mal in meinem Leben, das mir ein Mann ein Geschenk machte. Das erste Geschenk bekam ich von meinem Vater, seine Erziehung. Das zweite Geschenk machte der Liebhaber mit der ersten Nacht. Das dritte Geschenk machte die Lebensliebe. Er ließ mich ziehen.

An das Alleinsein gewöhnte ich mich sofort. Mit der Einsamkeit hatte ich nicht gerechnet. Es dauerte lange, bis ich sie aushielt. Bis sich die Einsamkeit wie ein natürliches und gesundes Gefühl in mein Leben einfügte.

Neue Fragen.

Warum beginnt man, nur weil man die Tochter eines Gastarbeiters ist, seine Geschichte immer mit Mühsal und Mangel, bloß weil Mühsal und Mangel vorhanden waren? Warum sah ich nicht sofort das Vorhandene? Die Pracht, die aus sich heraus schon da ist? Warum strebt man nicht nach dem, was das Leben in sich birgt?

Die losen Enden führen mich wieder zurück an die Anfänge. Erinnern, zurückholen und bewahren. Ich wundere mich, dass die Generationen vor mir diese Fragen nach Ruhe und Zufriedenheit nicht als existentiell betrachteten, jedenfalls nicht so wie ich. Sie hatten es schwerer als ich. Meine Mutter wechselte ein Land, meine Großmutter väterlicherseits wechselte ebenfalls ein Land, und dann wechselten sie alle auch noch die Sprachen. Das muss man sich mal vorstellen: Eltern und Kinder sprechen nie die gleiche Sprache, wir unterhalten uns alle mit gebrochenem Wortschatz. Sie wechseln auch noch die Schriften und Alphabete, die Währungen und Pässe, und alles nur, damit es besser wird. Und nun stehe ich am Ende der Kette, bin Profiteurin ihres Wagemutes und ihres Kampfes. Und muss gestehen, dass alles anders ist, als sie es mir beigebracht haben. *Es schaffen.* Ich kann das nicht mehr hören. Immer soll man etwas schaffen. Und wenn man da ist, wo man hinsollte, was kommt dann?

Was ist mit der Würde? Warum spielt die weibliche Würde keine Rolle? Warum traute sich keine Tochter einer ausländischen Putzfrau, die Würde ihres Weges zu zeigen, darüber zu sprechen? Die Würde des Scheiterns, der Unsicherheit, der unendlichen Angst. Die Würde des Nichtgesehenwerdens. Die Würde der Scham. Das ist keine Glanzgeschichte, keine Geschichte von Aufstieg, sondern eine vom Abstieg in verborgene Winkel.

Wo finde ich diese Bekenntnisse und Gedanken formuliert? Aus dem Mund einer anderen Putzfrauentochter? Warum bin ich überwältigt von der Schönheit eines Ausblicks, der Stelle, wo das Meer und der Horizont sich die gleiche blaue Linie teilen, und warum breche ich bei diesem Anblick in Tränen aus? Ich weiß, das ist jetzt alles peinlich und ergibt allenfalls dann einen größeren Sinn, wenn man wie ich nicht mehr alles sehen kann, aber unbedingt alles erkennen will. Ich muss jemanden finden, die genau wie ich zwischen diesen beiden Schwellen steht, zwischen Putzeimer und Umsatzsteuervoranmeldung, und die mir bestätigt, dass dieses Leben auch für mich ist. Für uns.

—

Schreibwohnung. Ostseeinsel. Rückzugsort, Stätte meines Wohlbefindens. Da also geschieht es.

Der Krankenwagen hält auf der Straße. Eine Notärztin steigt dazu. Sie drückt mit ihrer Gummihandschuhhand meine Hand. Im Notarztwagen höre ich außer ihr noch weitere Anwesende. Vermutungen werden aufgezählt. Sie aber geht dazwischen, setzt sich durch. Ich weiß, was das ist, ruft sie. Das ist etwas anderes! Dann spritzen sie los. Etwas zum Blutverdünnen, etwas gegen das Zittern, etwas gegen das Wachbleiben.

Das Krankenhaus, in das man mich gebracht hat, liegt auf dem Festland. Unbekanntes Gelände, keine Ahnung, wo das ist. Ich versuche, meiner Verzweiflung die Luft zu nehmen. Wenn sie sich anschleicht, flüchte ich mich in einen bestimmten Atemrhythmus, den ich mir wie eine Melodie merke.

In der Notaufnahme werde ich kurz wach. Jemand ruft: Haben Sie Schmerzen? Ich versuche, mit dem Mund ein Nein zu formen.

In der Nacht kommen sie im Viertelstundentakt und behandeln die Augen mit verschiedenen Medikamenten. Bei jedem Besuch tropfen sie mein Operationshemd nasser. Es ist kein Schlaf und kein Wachsein. Kein Diesseits und kein Jenseits.

Ich verliere und verheddere mich in meinen Gedanken. Nicht *Wie soll ich so weiterleben*, sondern *Warum soll ich weiterleben* ist die alles entscheidende Frage. Manche Sätze sind, wenn sie ausgesprochen werden, zwar richtig und wichtig, aber zeitlich nicht gut platziert. Man hört sie und kann sie noch nicht gebrauchen. Weil sie im falschen Kontext fielen. Jetzt, im Liegen, beim Überleben, gilt es, sie an die richtige Position zu schieben. *Sieh zu, dass du dem hier entkommst!*

Ich bin ein Mensch, aber es fühlt sich nicht mehr so an. Nichts fühlt sich mehr an.

Hier ist ein Jemand, die sich mit den Händen vorantastend ins Badezimmer des Krankenzimmers bewegt. Die das Fläschchen Jojobaöl in der Tasche findet, den Zeigefinger in die Öffnung legt und die Flasche kippt. Die sich das Öl auf dem Dekolleté und im Gesicht verteilt. Die sich blind kämmt. Die heimlich ein paar Schmerzmittel nimmt, sich die Zähne putzt, die Chanel-Dose aufklappt und etwas Rouge mit dem Finger entlang der Wangenknochen aufklopft. Die etwas Parfüm über ihr Nackenhaar streicht. Relikte geschlechtsspezifischen Verhaltens aus einer anderen Zeit.

Ein Jemand, die den Schlauch der Duschbrause findet und beschließt, sich lauwarmes Wasser zwischen die Beine rieseln zu lassen. Die versucht, nicht zu weinen, um sich davor zu bewahren, in einen aussichtslosen Strudel hineingezogen zu werden. Die mit den Händen das Blut in den Armen und Beinen in Bewegung zu bringen versucht. Die sich wäscht, abtrocknet und ohne Unterhose ins Krankenbett zurückgeht.

Die Hände wandern unter die Bettdecke. Ich muss wissen, ob ich dort noch lebe.

Ich will keinen Besuch. Will beim Nichtsehen nicht gesehen werden.

Für das Patientenformular werde ich nach meinem Beruf gefragt. Ich antworte: Autorin. Der behandelnde Arzt fragt, ob man davon leben kann. Ich sage: Man lebt nicht *davon,* sondern *damit.* Vorausgesetzt, man kann sehen. Aha. Hm, hm. Mitleidiges Atmen, das in Seufzen übergeht. Irgendwelche weiteren Beschwerden?

Bitte??

Ich habe manchmal das Verlangen, jemandem ins Gesicht zu schlagen. Brauche aber einen Anlass. Irgendeine Unverschämtheit, irgendetwas vollkommen Inakzeptables. Leider merken alle, wie ich drauf bin, und werden defensiv.

Es gibt einen Arzt, den ich immer wieder bitte: Sagen Sie es mir endlich. Ist es schleichend, voranschreitend, vorübergehend?

Ich stelle mir den Tod als süßes Nichts vor. Empfinde so etwas wie Vorfreude. Der Tod macht Hoffnung. Aber ohne sehen zu können, ist er ein unerreichbares Ziel. Ich versuche, das Thema anzusprechen. So ein Leben kommt für mich nicht in Frage, wende ich mich an einen Arzt. Das ist doch Blödsinn, kriege ich zur Antwort, *so ein Gedanke verbietet sich.*

Darf nicht sterben. Soll weiter leben.

—

Irgendwann, es ist ein ruhiger Morgen, wahrscheinlich ist das Fenster gekippt, spüre ich frische Luft an meinem Gesicht. Nach meiner täglichen Untersuchung werde ich zurück ins Zimmer begleitet. Den Rest mache ich alleine. Das jahrelange schlechte Sehen hat meine Sinne trainiert. Es ist nicht so, dass ich nichts sehe, sondern dass ich anders sehe. Ich sehe Schluchten und Schatten. Ich sehe Schall. Ich kann hören, wie die Welt aussieht.

Ich trinke eine Tasse Tee und esse ein Käsebrötchen. Ich erinnere mich an die Landschaften. An die kleinen Dinge. Daran, dass ich einst Teil von alldem war. Ich lasse alles los. Lege mich ins Bett. Schlafe tief, lange und gut.

Das erste, was ich erkenne, ist ein weißer Fleck im weißen Bild. Ich liege auf dem Bauch. Ich bewege meine Hand hin und her. Ich vermute, dass das größere Weiß zum Laken gehört und das kleinere Weiß meine Hand ist. Ophtalmologie, Neurologie, Endokrinologie, Innere Medizin, Psychosomatik, keine Ahnung, wie alles miteinander zusammenhängt. Ich glaube, dass sich auf einem Auge etwas tut.

Ich habe Muskelkater in den Augen, ich versuche das Gesicht so entspannt wie möglich zu lassen. Ich winke mir zu. Lege die Hand auf das Laken und winke dem Bett zu. Meine Bewegungen stimmen mit dem Fleck, den ich sehe, überein.

So still und langsam, wie die Welt von mir ging, so still und langsam kehrt sie zu mir zurück.

—

Offensichtlich vertrage ich eines der Medikamente nicht. Da ich viele gleichzeitig nehme, könnte jedes davon verantwortlich sein. Die Bilder beginnen »runterzufallen«. Die Ärzte gewöhnen sich daran, dass ich immer neue Beschreibungen für die ausbleibenden Bilder finde. Wie bei einer Sonnenfinsternis schiebt sich der Mond sichelförmig vor die Erde und wieder zurück, dichte ich. Die Ärztin lacht, *das ist ja toll!* Nach einigen Wochen bemerke ich, dass von Mal zu Mal, von Sonnenfinsternis zu Sonnenfinsternis, weniger Erde zurückbleibt.

Ich stimme einer Operation zu.

Danach liefern beide Augen unterschiedliche Bilder. Die Welt vollzieht sich in zwei voneinander abweichenden Abbildungen. Ich sehe komische Dinge, sage ich. Sie haben komische Augen, sagt die Ärztin.

Jetzt also die Kranke. Ich empfinde Abscheu darüber. So will man nicht sein. So kann man nicht bleiben. Es ist nicht wahr. Das Gesundwerden hat nichts mit Willenskraft zu tun. Ich versuche es mit Ignorieren. Aber wie man es auch anstellt. Angst vor der Zukunft. Angst vor der Gegenwart. Angst, nie wieder zu lesen. Und das für den langen Rest, der vor einem liegt.

Weitere Eingriffe und Medikamente werden vorgeschlagen. Man sieht ein, dass man mir etwas ins Auge gesetzt hat, was da nicht hingehört, und also will die eine es wieder rausholen, und der andere fasst sich an den Kopf und sagt, nein, nein, auf keinen Fall!

Ich taumle durch die Bilder. Meine Hände bewegen sich wie ein Metallsuchgerät in quirlenden Kreisen vor meinem Körper. Das Loch im Türrahmen ist zu klein. Beim ersten Versuch schaffe ich es nicht, durchzukommen. Die Abende sind dunkel. Nicht abenddunkel, sondern dunkeldunkel. Mein Fall werde beim Augenkongress in Barcelona vorgetragen, verspricht mir eine übereifrige, wagemutige Ärztin, die mich permanent zu weiteren Eingriffen überreden möchte. Ein befreundeter Kollege werde Speziallinsen anfertigen. Am Ende misslingt auch der Eingriff am anderen Auge. Was ich nun sehe, stürzt mich in nie dagewesene Not.

Ich brauche ein Jahr, um auf die Beine zu kommen.

Und ein weiteres Jahr, um das, was mit mir geschah, endgültig annehmen zu können.

Vielleicht ist es das Alter und hat mit den Augen nichts zu tun, dass Gegenwart und Rückblick merkwürdig verschoben wirken. Die Augen selbst allerdings sehen wirklich merkwürdig aus. Die neuen Linsen drehen sich wie CDs im CD-Spieler und leuchten an den Rändern wie Kristall, das sich im Licht bricht. Japanische Touristen sprechen mich darauf an und fragen, ob sie mich fotografieren dürfen. Und wo es das zu kaufen gebe. Sie finden, ich sehe wie ein Mangamädchen aus. *Your eyes are very special,* kichern sie sich kaputt. *You look interesting,* versuchen sie ihren Eindruck zu präzisieren.

—

Bevor ich mich in das Badewasser gleiten lasse, stelle ich mich in die Wanne und gucke in den Spiegel gegenüber. Ich versuche zuzuordnen, was ich erkenne. Um mir einen Überblick über meine Körperteile zu verschaffen, benötige ich eine

Weile. Ich nehme einen Spiegel mit in das Badewasser. Noch ist es mehr Selbstvergewisserung als Anschauen. Ich kann mich immer noch nicht als Ganzes erfassen. Je nachdem, auf welches Auge ich mich konzentriere, sehe ich entweder einen Ausschnitt von nahem oder ich sehe mich ganz aus der Ferne. Das Gucken erfordert Konzentration und macht müde. Ein bisschen übel wird mir davon auch.

Ich komme gut zurecht.

Habe einen Arzt gefunden, der mir hilft, weil auch er findet, Nichtstun ist manchmal das bessere Tun. Und der versteht, wenn ich sage, ich will nichts mehr erreichen.

Von sehr dick bis sehr dünn durchlaufe ich manchmal innerhalb weniger Wochen verschiedene Konfektionsgrößen. Es ist mir zwar nicht recht. Aber es bringt mich nicht mehr um den Verstand. Die Attraktivität litt auch aus anderen Gründen. Oft bin ich benebelt oder müde. Oder aufgeregt. Nichts darf schiefgehen. Kein Wetterumschwung geschehen, die Dämmerung darf mich nicht überraschen. Morgens schaue ich als erstes nach, wann genau die Sonne untergehen wird. An manchen Tagen ist es bewölkt und dunkel und also bin auch ich bewölkt. Je mehr ich mir vornehme, insgesamt einen besseren Eindruck machen zu wollen – vor allem vor mir selbst –, desto häufiger habe ich das Gefühl, dass es gelingt.

Ich habe es nun häufiger mit Verbesserungen als mit Verschlechterungen zu tun.

Ein alter Geliebter aus sehr vergangenen Tagen kündigt seinen Krankenbesuch an. Die Flüchtigkeit der Begegnung, die alte Vertrautheit, das Wissen, dass es hier auf nichts ankommt, dass es bei einem Besuch bleiben wird, macht die Situation unbefangen. Auch weil man ahnt, dass der andere nicht ablehnen wird.

Manchmal will man es nicht mehr machen, weil man krank ist. Manchmal will man es machen, weil man krank ist. Manchmal muss man es machen, denn Drang und Gier sind Akte der Verzweiflung und Trauer.

Die Augen schließen und alles wahrnehmen. Der Mann, seine Umarmung, ich weiß, während er mich küsst, dass er die ganze Zeit anschaut, was ich nicht sehen konnte oder wollte. Weil meine eigene Beschämung mir im Weg stand. Aber das ist kein Grund zur Scham. Es ist Sinnlichkeit. Eingebaut und abrufbar. Ich muss nichts tun. Sie ist einfach da. Das ist mein Körper. Das bin ich. Der alte Geliebte ist genau der richtige Mensch, durch dessen Augen ich mich erkennen kann. Ich lasse mich auf seinen Schoß ziehen, aber nicht so wie früher, als kleines Mädchen bei den Onkeln, sondern wie eine Erwachsene.

Das sind Momente, die wie ein Spiegel funktionieren. Das Spüren ist genauer, als mein Sehen es jemals war und sein wird. Mein Busen, mein Po, überall, wo seine Hände und Finger sind, sehe ich mich. Und als er mich festhält und anschaut, erkenne ich: Ich bin eine Frau. Weil er das in mir sieht, sehe ich es auch. Und natürlich, das ist jetzt alles in mir drin, der Mann und seine Lust, meine Begierde, mein unbedingter Wille, weiterleben zu können, von meinem Leben nicht abzulassen, jedenfalls nicht für diesen Moment und den nächsten und übernächsten auch nicht, und für einen kurzen Augenblick kann ich klar, genau und unmissverständlich erkennen, was es bedeutet, zu leben und zu lieben. Und dass das wohl überall und bei allen Menschen so ist. Dass die körperliche Liebe ein Trost ist, der über allem steht.

—

Die Cousine, das ist jetzt wirklich die allerletzte Anekdote, die wollüstige, die nicht bis zur Ehe warten wollte, kam uns einmal schluchzend entgegen.

»Warum weinst du?«

»Er hat es nicht gemacht.«

Meine ältere Cousine schaute ungläubig: »Er hat es nicht gemacht? Spinnt er? Kann er nicht? Will er nicht?«

Offiziell durfte man vor der Ehe keinen Verkehr haben. Die beiden taten an ihren Liebesfelsen gelehnt alles, was ein Mann und eine Frau miteinander tun können. Alles, bis auf *das.* Trotzdem wollte meine Cousine ihren Zukünftigen vor der Hochzeit »prüfen«. Ob er es, wenn es darauf ankäme, auch bringen würde. Er verweigerte sich aber, wie wir erstaunt zu hören bekamen. »Warum hat er es nicht gemacht?«, fragten wir. Seine Begründung: »Wenn ich es dir jetzt mache, gewöhnst du dich zu schnell daran. Ich werde dich noch lange und oft zappeln lassen. Damit du es immer willst.«

Meine ältere Cousine ließ sich vor Lachen ins Gras fallen: »Was für ein Rindvieh!« Und quetschte anschließend die wollüstige Cousine aus: »Hast du sein Ding gesehen? Zeigte es nach oben oder nach unten?«

Die Cousine antwortete mit sehr ernster und feierlicher Stimme. »Es zeigte auf zwölf Uhr. Sein Zeiger blieb dort, bis wir uns verabschiedeten.«

Noch Jahre später, wenn meine ältere Cousine ihren Schwager traf, rief sie ihm hinterher: »Na, du Rindvieh, wie spät ist es?« Der Schwager grinste und erwiderte seiner Schwägerin: »Wenn ich dich alte Schreckschraube sehe, schlagartig sechs Uhr.«

—

An sich erzählt es sich leicht. Die Erinnerungen rollen wie Lawinen herab. Beim Blick zurück ist es nicht nur egal, wo man anfängt, sondern auch, wo man aufhört. Wenn man es schafft, wohlwollend zu bleiben, tut man sich einen Gefallen. Hier und da ein Umweg um die Erinnerung, was soll's. Man weiß ja, wie es wirklich war.

Ich gehe wieder schwimmen. Viel und häufig. Obwohl ich es nicht soll. Die Augen dürfen sich nicht infizieren. Das Wasser trägt mich. Niemand sonst kann das tun. Ich ziehe lange Bahnen oder lasse mich treiben.